멘탈이 강해지는 연습

어떤 상황에 부딪혀도 주저앉지 않는 독한 멘탈 키우기 프로젝트

THE MENTAL TOUGHNESS HANDBOOK

멘탈이 강해지는 연습

데이먼 자하리아데스 지음 | 김미정 옮김

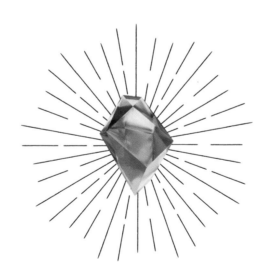

서三삼독

당신은 멘탈이 강한 사람인가? 멘탈이 강한지 알 수 있는 아주 간단한 방법이 있다. 아래 상황을 읽어보자.

아침에 기분 좋게 출근해 전화를 받았다. "이따위로 물건을 만들면 어떡하자는 겁니까"라며 다짜고짜 욕을 퍼붓는다. 고객이 침착해질 수 있도록 사과하고 자초지종을 설명하려 해도 전혀 듣지 않는다. 그저 자기할 말만 하기 위한 일방적인 전화다. 30분여를 시달리고 전화를 끊었다. 내 잘못도 아닌 일로 말도 안 되는 공격을 받았다는 억울함과 분노, 무기력함에 꼼짝없이 사로잡힌 기분이 든다.

A. 밖으로 나가 좋아하는 커피를 한 잔 사서 돌아온다. 마음을 추스르고 일에 집중할 수 있도록 일단 책상 위를 치우고 잔뜩 쌓인 이메일을 정리해본다.

B. 분노와 억울함, 황당함을 견딜 수가 없다. 메신저로 동료에게 실컷 하소연을 하고 나니 1시간이 훌쩍 지나 있다.

당신은 A, B 중에 어디에 속하는가?

A는 멘탈이 강한 사람이다. 주어진 상황과 부정적인 감정에서 벗

어나기 위해 어떻게 해야 하는지 잘 알고 있다. 잠시 자리를 벗어나 기분이 좋아질 수 있게 적극적으로 노력한다. 지나간 일 때문에 앞으로 해야 할 일을 망치지 않으려면 어떻게 해야 하는지 알고 있다.

반면에 B는 '더러운 기분'으로 하루를 시작했다는 느낌에 종일 사로잡힐 게 뻔하다. 30분 동안 시달리느라 일을 시작하지도 못했는데, 동료와 이야기하느라 업무 시간 중 1시간을 또다시 낭비했다.

만약 이런 일이 반복된다면 A와 B 중 누가 더 일을 잘한다는 평가를 듣겠는가? 당연히 A다. 나의 평온함을 무너뜨리는 불쾌한 일에 어떻게 대응하느냐로 시작한 문제가 결국 누가 더 목표를 빠르고 효율적으로 달성하는가의 문제로 이어진다.

당신의 멘탈이 강해져야 하는 이유
。

당신은 어느 쪽에 속하는지 곰곰이 생각하면서 다시 아래 상황들을 보자.

- 10년 장기 투자를 목표로 주식을 시작했다. 수익률이 조금 오르고 떨어질 때는 '이 정도는 괜찮아' 하면서 침착하게 받아들였는데 흐름이 심상치가 않다. 갑자기 폭락을 거듭하며 마이너스 20퍼센트 수익률을 찍기 시작했다. 소중한 돈이 허공으로 사라졌다고 생각하니 낮에는 주식 창만 들여다보게 되고 밤에는 잠이 안 온다.

- 중요한 시험이 다음 주로 다가왔다. 이제 마지막 피치를 올려야 하는 순간이다. 다시 짚어봐야 할 내용과 오답 노트가 쌓여 있는데 공부가 전혀 손에 잡히지 않는다. 책상 앞에 앉아도 자꾸 다른 생각이 들고 집중을 할 수가 없다.

- 오늘로 다섯 번째 면접을 봤지만 이번에도 불합격 연락을 받았다. 취업이 쉽지 않을 거라는 각오는 되어 있었지만 서류 탈락만 수십 번에, 겨우 면접 기회가 주어졌는데도 줄줄이 떨어진다. 이쯤 되면 나라는 존재가 그렇게까지 부족한 존재인지 회의감이 들기 시작한다.

만약 이런 비슷한 상황을 겪은 적이 있다면, 아무것도 하기 싫다거나 할 수 없을 것 같다는 생각에 사로잡혀 무기력을 느껴본 적이 있다면 당신의 멘탈은 강해져야 할 필요성이 있다. 결론부터 이야기하자면 이런 나약한 멘탈로는 당신이 원하는 바를 성취할 수 없기 때문이다. 설령 한두 번의 성공을 거둘 수 있을지는 몰라도 지속적인 성공을 거둘 수는 없다. 운이 좋아서 엉겁결에 성공을 거둘 수는 있지만, 한 개인이 장기간에 걸쳐 탁월함을 드러내기 위해서는 강한 멘탈을 가져야 한다.

혹독한 시련을 피할 수 있는 사람은 아무도 없다. 성공으로 향하는 길에는 온갖 장애물이 깔려 있기 마련이다. 목표를 향해 가는 자신을 이탈하게 만들고, 주저앉게 만드는 장애물을 극복해야 한다. 강한 멘탈이야말로 성공과 실패를 가르는 기준이다.

그렇다면 멘탈력이란 무엇일까? 멘탈력과 같은 의미로 쓰이는 용어는 많지만 그중 몇몇은 뜻이 모호하다. 다음 용어들이 그 예다.

- 근성(grit)
- 집요함(persistence)
- 끈질김(tenacity)
- 인내(perseverance)
- 극기(stoicism)
- 회복력(resilience)
- 결연함(resoluteness)
- 결단력(resolve)
- 정신적 원기(mental stamina)
- 정신적 꿋꿋함(mental fortitude)
- 수양(discipline)

이 용어들의 의미와 세밀한 차이를 살펴보는 동안 멘탈력을 제대로 이해할 수 있을 것이다. 바로 파트 1이 여기에 해당한다. 멘탈력이 강한 사람들은 어떤 특성을 가지고 있는지, 멘탈을 약하게 하는 요소들을 무엇인지 함께 살펴보면서 멘탈력의 전반적인 원리를 알아볼 것이다.

파트 2에서는 멘탈력을 길러주는 핵심 요소들과 우리의 의지에 대해 살펴본다. 그리고 자신의 한계를 뛰어넘어 강한 멘탈을 가지려면 어떻게 해야 하는지까지 다룬다. 이 부분에서 상당히 많은 내용을 다룬다. 또한 당신이 직접 참여해야 하는 실전 트레이닝도 많다. 책에서 다룬 내용을 바로 적용해볼 수 있다는 점에서 이 책의 핵심이나 다름없다. 파트 3에서는 강한 멘탈을 위한 실전 프로그램과 평생 유지하는 비결을 제시한다.

이 책이 말하는 것, 그리고 말하지 않는 것

이 책의 목표는 삶의 영역과 관계없이 당신이 관심을 기울이는 곳에서 더 높은 수준의 성공을 성취하도록 돕는 것이다. 간단히 말해, 심적 회복력을 길러 삶이 던져주는 모든 장애물과 실패와 불행을 극복하는 방법을 보여주려 한다.

낙관적인 상투어나 긍정적인 자기 대화로는 부족하다. 솔직히 말하면 힘든 노력이 필요하다. 무수한 땀을 흘려야 하고 그 과정에서 숱한 좌절도 겪을 것이다. 하지만 멘탈력을 갖추면 어마어마한 보상이 뒤따른다. 더 효과적이고, 강력하며, 영향력 있는 자신을 느끼게 될 것이다. 마음만 먹으면 무엇이든 이룰 수 있겠다는 생각도 들 것이다.

이렇게 점진적으로—그렇다. 이는 점진적인 과정이다—사고방식을 바꾸는 데서 얻는 자신감은 그야말로 삶을 바꿔놓는다. 사업주로서 더 큰 성공을 누리든, 친구를 비롯해 사랑하는 사람들과 더 나은 관계를 유지하든, 부모 역할을 훌륭히 해내든 당신이 집중하는 영역에서 기대 이상의 결과가 나타날 것이다.

내가 보기에 대다수 자기계발서는 분량이 너무 길다. 나는 이렇게 성공했다는 경험담, 각종 사례, 특정 원칙에 대한 맹목적인 지지, 연구 결과 등을 바탕으로 한 장황한 설명이 가득하다. 이런 지적인 내용은 시선을 끌기 좋고, 그 자체로 독서의 즐거움을 주기도 한다.

그러나 이 책은 다르다. 위와 같은 설명은 줄이고 실천할 수 있는 조언, 오늘 바로 적용할 만한 내용에 중점을 두었다. 나의 목표는 필수적인 내용을 촘촘히 다루되 속도감 있게 진행함으로써 최대한 빨리 내용을 적용하도록 돕는 것이다. 이 짧은 책이 제시하는 지침에 따라 즉시 행동에 나서준다면 나에게는 큰 기쁨이 될 것이다.

이 책을 효과적으로 활용하는 방법

책 전체에 걸쳐 수많은 실전 트레이닝이 등장한다. 이 부분을 그냥 넘기지 않았으면 한다. 시간을 들여 충분히 생각해 보고 직접 빈 칸을 채워보라. 시험이 아니기 때문에 정답은 없다. 일단 하기로 결심만 한다면 처음에 생각했던 것보다 적을 내용이 많아 시간 가는 줄도 모르게 될 수 있다.

사실 많은 독자가 이런 참여형 문제들을 은근슬쩍 넘어가려 한다. 귀찮기도 하고, 그다지 중요하지 않게 생각해서 가볍게 넘기려는 것이다. 이 책에서만큼은 그러지 않기를 바란다. 멘탈을 강하게 만드는 데 꼭 필요한 활동이라는 확신을 가지고 참여해 보라.

엄밀히 따지자면 이 책의 성격은 워크북이 아니다. 하지만 단순히 내용을 배우는 것보다 실천에 옮기는 편을 우선시하는 것만은 분명하다. 왜일까? 배운 내용을 활용해 삶을 변화시키고 싶다면 그 정보를 적용하는 것이 필수적이기 때문이다.

이는 우리의 경험으로도 알 수 있다. 나만 해도 책을 읽거나 비싼 돈을 내고 워크숍에 참가했지만 거기서 얻은 정보를 제대로 활용하지 못한 채 배운 내용을 까맣게 잊어버렸던 경험이 무수히 많다. 아마 당신도 나와 같은 실수를 한 적이 있을 거라 생각한다. 그러므로 다시 한번 당부하건대 실전 트레이닝을 꼭 완료하라.

이제 변화를 시작할 준비가 되어 있다면
。

애써 거둔 성공이 쉬 지나가버렸는가? 내가 선택한 영역에서 탁월함을 이루고 유지하는 데 어려움을 겪었는가? 삶이 던져놓은 뜻밖의 상황 때문에 의기소침하고, 분노하고, 우울해했는가? 목표를 세우고 자신을 채찍질하지만 금세 흐지부지되어 괴로웠는가?

그렇다면 오늘이야말로 긍정적인 변화의 첫걸음을 떼기에 완벽한 날이다.

인생의 어느 지점에 있든, 현재 겪고 있는 어려움이 무엇이든 당신의 상황도 충분히 개선할 수 있다. 더 수준 높은 성공을 이룰 수 있다. 당신이 원하는 바를 이룰 수 있다. 결국 나의 사고방식에 막대한 영향력을 미치는 사람은 나 자신이다. 바로 나를 통제하면 전투는 이긴 것이나 다름없다. 이 사실을 듣고 당신 마음에 현실적인 낙관주의가 가득 찼기를 바란다.

《멘탈이 강해지는 연습》은 이 싸움 앞에 당신을 대비시킨다. 필요한 도구와 체계적 전략을 제시하고, 역경 앞에서 점점 더 큰 내구력을 갖추는 데 필요한 훈련을 제공한다. 이 여정은 우리가 함께할 것이다. 내가 여행의 길잡이가 되어 당신의 시간과 주의력을 가장 효율적으로 사용하도록 확실히 도울 것이다.

이 책은 누구나 읽을 수 있도록 만들어졌지만 당신이 열심히 트레이닝에 참여한다면 책을 다 읽을 즈음에는 세상에 존재하는 단 하나뿐인 당신만의 책이 되는 셈이다. 그리고 당신의 내면에서 뭔가 달라졌다는 사실을 느낄 수 있을 것이다. 진정한 멘탈력이 자리잡기 시작할 것이다.

당신에게 좋은 일이라고 생각하는가? 당신이 원하는 것인가?

그렇다면 함께 뛰어들어보자.

데이먼 자하리아데스

$$\left(\begin{array}{c} \textbf{PART} \\ \textbf{01} \end{array}\right.$$ 입문 : 멘탈력에 관한 가장 쉬운 설명 $$\left.\vphantom{\begin{array}{c}P\\0\end{array}}\right)$$

$$\left(\begin{array}{c} \textbf{PART} \\ \textbf{02} \end{array}\right.$$ 기본 : 강한 멘탈을 키우기 위해 알아야 할 것들 $$\left.\vphantom{\begin{array}{c}P\\0\end{array}}\right)$$

1. 멘탈을 좌지우지하는 핵심 요소들

PART 03 | 심화 : 강한 멘탈을 위한 실전 퀵 가이드

미 특수부대 네이비씰의 훈련에서
배울 수 있는 것

미 해군 특수부대 네이비씰(Navy SEALs)의 요원만큼 포기의 유혹을 잘 아는 사람이 있을까? 이들은 총 62주간의 혹독한 훈련 과정을 마쳐야 하며 여기에는 일주일간 잠을 자지 않고 극한의 고통을 겪는 것으로 유명한 지옥 주(Hell Week)가 포함되어 있다. 이 훈련 프로그램은 가장 강한 사람들을 제외하고 모두 솎아내도록 극도로 까다롭게 구성되어 있다. 전체 과정을 통과하는 비율은 훈련생 7명당 단 1명이다.

하지만 널리 알려진 바와 달리 이 프로그램의 초점은 육체의 우월성을 가리는 데 있지 않다. 실제로 전 네이비씰 요원이자 저격수 교관이었던 브랜든 웹(Brandon Webb)은 그의 책《붉은 원(Red Circle)》에서 "네이비씰 훈련 과정은 보통 체력의 남성이 충분히 이겨낼 수 있도록 고안되었다"라고 지적한다.

그렇다면 프로그램을 통과한 훈련생이 왜 그리 적을까? 웹은 《붉은 원》에서 이렇게 말한다.

"훈련이 정말 테스트하는 것은 당신의 정신력이다. 이 훈련은 당신의 정신을 몇 번이고 벼랑 끝으로 몰아넣는다. 그러면 결론은 둘 중 하나다. 정신력이 단련되어 성공 가능성과 관계없이 무슨 일에든 자신 있게 도전하든지, 아니면 부러지고 말든지."

강한 멘탈은 육체의 강인함을 뛰어넘는다

◦

모름지기 네이비씰 요원이라면 탄탄한 체력을 다져야 임무와 연관된 난제들을 해결할 수 있다. 그들의 임무는 까다롭기 그지없으니 말이다. 웹에 따르면 보통 체력의 남성이라면 훈련 프로그램의 체력 검사를 통과하겠지만, 훈련을 통과한 뒤에는 규칙적인 운동을 통해 최고 수준의 체력을 유지한다고 한다.

그러나 여기서 우선시되는 것은 육체적인 훈련이 아니라 정신적인 훈련이다.

네이비씰 요원들은 공포 반응이 자연스러울 수밖에 없는 가혹하고 극단적인 상황에 놓이곤 한다. 이런 상황에서는 공포와 연관된 감정에 압도될 위험이 있다. 따라서 이들은 그런 상태에 둔감해지도록 심리적 조건화를 거친다.

많은 사람이 네이비씰 요원은 두려움을 모른다고 생각한다. 하지만 이것은 오해다. 그들도 다른 모든 사람처럼 두려움을 느낀다. 차이점이 있다면, 그들은 두려움을 조절하는 법을 배웠기에 꿋꿋이 전진해 임무를 완수할 수 있다. 이것을 가능하게 하는 것은 습관화 (habituation)라고 알려진 정신 훈련 전략이다.

습관화 훈련에는 부적절한 반응을 유발하는 자극, 이 경우에는 공포에 반복적으로 노출되는 과정이 포함된다. 잦은 노출로 주어진 자극에 적응하면 원치 않는 반응이 줄어든다. 네이비씰 요원들은 이 훈련을 통해 자신의 두려움을 정복하고 통제함으로써 임무를 이행하는 법을 배운다. 두려움은 목숨이 위태로운 상황에서 그들의 수행력을 제한하는 요인이기 때문에 반드시 통제되어야 한다.

강인한 멘탈을 기르기 위한 훈련이 두려움을 '없애주지는' 않는다는 점을 기억해두자. 다만, 훈련을 통해 이를 능숙하게 '다스림으로써' 두려움이 그들을 좌지우지하지 않도록 한다.

네이비씰 요원들을 통해 아래 세 가지 사실을 확인할 수 있다.

1. 강인한 멘탈은 타고나지 않는다.
2. 강인한 멘탈은 훈련으로 만들 수 있다.
3. 강인한 멘탈을 방해하는 요인들을 아예 없앨 수는 없지만 다스릴 수는 있다.

그렇다면 우리도 네이비씰 요원들처럼 정신력을 강화하고 심리적 대비를 탄탄히 할 수 있도록 훈련할 수 있지 않을까? 이 책은 바로 여기에서부터 시작한다.

네이비씰 훈련에서 배운 다섯 가지 전략

여기에서는 네이비씰 요원들이 사용하는 훈련 기술 중 평범한 사람이 평범한 일상에서 곧바로 적용할 만한 핵심 기술을 정리했다. 당신도 실제로 적용해볼 수 있을지 한번 체크해 보라.

1. 소소한 승리에 집중하기

대다수 사람처럼 네이비씰 요원들도 자기만의 목표를 설정한다. 하지만 목표를 세운다고 임무에 따르는 정신적 괴로움을 쉽게 버텨낼 수는 없다. 강한 멘탈을 유지하고 목표를 성취하기 위해 그들은 '세분화(segmentation)'를 연습한다. 즉 큰 목표들을 '자잘한' 목표들로 나눈다. 이를테면 32킬로미터 달리기를 완주하는 데 집중하기보다는 저 앞에 보이는 나무까지 도달하려고 애쓴다. 그 나무에 다다르면 눈앞에 보이는 언덕을 오르는 데 집중한다. 목표한 거리를 완주할 때까지 이런 식으로 해나간다.

이제 당신의 삶에 적용해 보자. 회사에서 내년 사업을 위한 중요한 프로젝트 발표를 맡았다고 해보자. 대표부터 임원들이 줄줄이 들어와 당신의 입만 쳐다보는 자리다. 생각만 해도 식은땀이 난다. 도저히 엄두가 나지 않겠지만 일단 전체 업무를 자잘한 단계로 나눠보자. 주제 선정, 내용 작성, 발표 슬라이드 준비, 청중들의 질문 대비 등을 포함해 각 단계를 적는다. 내용 작성 단계는 다시 머리말, 본문, 결론 작성으로 세분화할 수 있다.

2. 긍정적인 자기 대화 연습하기

기초수중폭파훈련(BUD/S) 중에는 요원의 수중 능력을 최대화하기 위한 '풀 캄프(pool comp)'라는 훈련이 있다. 포박 상태에서 입으로 바닥에 가라앉은 마스크 건져오기, 동료 구출하기, 무기 정비하기 등 다양한 기술을 훈련한다. 그중 가장 어려운 것은 바로 물속에 있는 동안 호흡 장비가 끊어지는 상황에 대처하는 것이다. 훈련생은 침착하게 호흡 장비를 복구해야 하는데, 아무리 수영을 잘하는 사람이라고 해도 순간적으로 크게 당황해 패닉에 빠지기 쉽다. 짧은 시간 안에 다시 호흡 장비를 장착해야 살아남을 수 있다는 생각에 자기도 모르게 허둥대거나 공포심에 사로잡히게 되고 목표가 흐릿해진다.

이런 상황에서 성공적으로 테스트를 완료하기 위해서는 긍정적인 자기 대화가 필수적이다. 즉 부정적인 감정과 자기 의심에 대한 목소리는 꺼버리고 목표에 집중할 수 있도록 긍정적인 대화를 시도하는 것이다. '침착해, 네가 할 수 있는 일에 집중해', '지금 네가 해야 할 일은 이 매듭을 푸는 것밖에 없어' 등등의 말로 정신이 다른 곳으로 흐트러지지 않게 한다.

마찬가지로 당신 역시 부담스러운 프로젝트를 두고 심리적으로 압도당할 때마다 자기와의 대화를 통해 목표에만 집중할 수 있다. 당신의 기술, 능력, 지식이 승리를 가져다줄 거라고 생각해라. 자신에게 긍정적인 말, 목표에만 집중할 수 있는 말을 들려줌으로써 다시 침착함을 되찾을 수 있다.

3. 원하는 결과를 시각화하기

시각화는 세계적인 운동선수들도 즐겨 사용하는 전략이다. 자신이 최고의 퍼포먼스를 수행하는 모습을 머릿속에서 재현하고 성공의 순간을 시각화한다. 이 기술은 매우 효과적인데, 우리 뇌가 실제 경험과 상상한 경험을 구분하지 못하기 때문이다. 이 기묘한 인지적 특성 덕분에 시각화를 통해 막연한 두려움을 줄일 수 있다.

내일로 다가온 발표 때문에 잠을 못 이룰 정도로 걱정하고 있다면 눈을 감고 자신이 발표하는 모습을 떠올려보라. 각 단계를 밟아가며 발표 내용과 슬라이드를 하나하나 생각해 보자. 발표를 마무리하고 청중의 질문에 자신 있게 답변하는 자기 모습도 시각화하라. 당신이 원하는 이상적인 상태에 있는 자신을 상상하자.

4. 잘못될 만한 모든 것을 예상하기

네이비씰 훈련의 상당 부분은 역경을 마주할 때 느끼는 본능적인 두려움을 조절하는 것이다. 인간은 본래 힘겨운 상황에서 불쾌감과 좌절감을 느낀다. 네이비씰 요원에게 그런 상황은 치명적일 수 있다.

요원들은 이런 두려움에 맞서기 위해 머릿속에서 끊임없이 상황을 그려보면서 임무 수행을 가로막을 수 있는 모든 문제를 예상하려고 애쓴다. 네이비씰의 '팀 식스'는 2011년 5월 오사마 빈 라덴의 은신처를 습격하기 전, 그곳과 똑같은 규모의 모형을 만들었다. 그리고 그곳에서 3주간 강도 높은 훈련을 이어가며 뜻밖의 까다로운 사태를 생각해 보고 실험하면서 대응법을 연습했다.

발표를 할 때 일어날 만한 어려운 상황을 곰곰이 떠올려보라. 슬라이드를 보여주기 위한 시청각 장비가 오작동할 수도 있다. 이런 일이 발생하면 어떻게 하겠는가? 발표 내용 일부를 잊어버릴 수도 있다. 그럴 때는 어떻게 회복하겠는가? 청중 한 사람이 던진 질문에 제대로 답하지 못할 수도 있다. 이 경우에는 뭐라고 답하겠는가? 벌어질 만한 모든 사태를 예상해 보고 대응법을 연습해두라. 그러면 편안함과 자신감이 생기고, 실제 상황에서 일어나는 모든 문제를 해결할 수 있을 것이다.

5. 통달한 뒤에도 꾸준히 훈련하기

네이비씰 요원들은 다양한 기술에 통달해야 한다. 문제는 그들이 이런 기술을 사용할 현장에서 보내는 시간은 극히 적다는 것이다. 그들은 수많은 비활동기를 경험한다. 끊임없이 연습하지 않는다면 쌓아둔 기술이 무뎌진다. 그래서 비활동기에도 계속해서 훈련을 지속해서 임무에 배치되었을 때 곧바로 수행할 수 있도록 대비한다.

장기적인 성공에 필수적인 기술은 이미 통달했다고 느껴지더라도 꾸준히 연습하자. 날마다 이를 사용하려고 노력함으로써 최고의 상태를 유지하자. 예를 들어 작가라고 하더라도 글쓰기가 매번 즐겁고 쉬운 것은 아니다. 그래서 책을 집필하지 않는 동안에는 최대한 펜을 내려놓고 싶은 유혹이 드는 것이 사실이다. 그렇지만 나를 포함해 많은 작가가 이런 유혹을 이겨내고, 최상의 글쓰기 '근육'을 유지하려고 날마다 글을 쓴다.

어떤가? 당신도 네이비씰 요원들처럼 훈련을 통해 멘탈이 강해
질 수 있다는 기분 좋은 예감이 드는가? 그렇다면 이제 이 책을 읽
을 준비가 다 끝난 셈이다.

"성공하는 사람들도 두려움, 의심, 걱정을 안고 있다.
다만 그들은 이런 감정이 자신을 가로막도록 놔두지 않는다."

_T. 하브 에커(T. Harv Eker)

PART
01

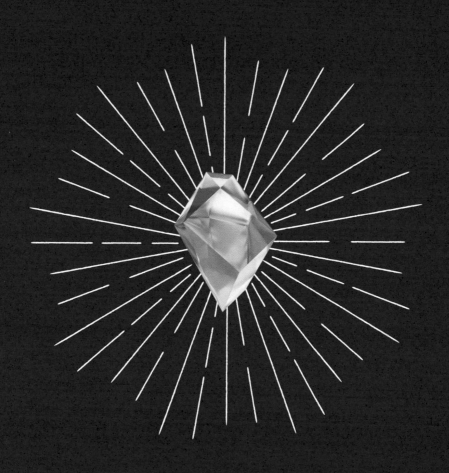

◆입문◆

멘탈력에 관한 가장 쉬운 설명

강인한 멘탈을 가지고 태어나는 사람은 없다. 근육을 발달시키듯 멘탈도 시간을 두고 강하게 기르는 것이 가능하다. 누구나 멘탈력을 기를 수 있다는 뜻이니 얼마나 반가운 소식인가. 온 마음을 기울이기만 하면 멘탈력을 갖출 수 있다.

수많은 사람이 멘탈력을 기르지 않는, 혹은 기르지 못하는 이유는 여기에 크나큰 노력과 인내력이 요구되며, 숱한 좌절도 겪어야 하기 때문이다. 불편함도 감수해야 한다. 누구나 선뜻 시작할 수 있는 일은 아니다. 그런 점에서 이 책을 집어든 당신은 말하자면 특별한 그룹의 일원이 된 셈이다. 평생 보상을 가져다줄 마음 상태를 기르기 위해 기꺼이 노력을 기울이고 좌절을 감내할 것이기 때문이다.

하지만 중요한 것부터 챙겨야 한다. 멘탈력을 기르려면 우선 멘탈력의 다양한 측면을 이해해야 한다. 여기에서는 멘탈력이란 무엇이며 어떻게 당신의 삶을 개선하는지 찬찬히 살펴보려고 한다. 또한 강인한 멘탈을 가진 사람에게서 나타나는 특성도 설명할 것이다. 멘탈력을 기르는 동안 체크리스트로 활용하면 과거와 비교했을 때 어느 정도 성장했는지 비교해볼 수 있다.

마지막으로 멘탈력의 치명적인 적들을 설명한다. 원하는 대로 상황이 펼쳐지지 않을 때 당신이 인내하지 못하도록 기를 꺾으려 하는 장애물들이다. 장애물을 미리 인식해두면 실제로 이와 마주쳤을 때 요령 있게 극복할 수 있을 것이다.

한 가지 짧은 조언을 전한다. 목차를 훑어보았다면 이 책이 수많은 장으로 구성되어 있다는 것을 눈치챘을 것이다. 하지만 겁내지 마라. 우리의 초점은 배운 내용을 적용하는 데 있으므로 대다수 장은 적은 분량을 담고 있다.

이론은 최소화하고, 실천은 최대화할 것이다.

계속 진행해 보자.

멘탈력이란
무엇인가?

• • •

멘탈력을 아주 간단히 정의한다면 역경 속에서 드러내는 내구력이라고 말할 수 있다. 하지만 이 정의 안에는 많은 내용이 담겨 있으니 이제 하나씩 풀어서 생각해 보자.

- **스트레스에 대한 반응**

  스트레스 앞에서 무너지는가 아니면 버텨내는가?

  포기하고 마는가 아니면 힘들어도 꿋꿋이 해나가는가?

- **감정에 대한 반응**

  좌절감이 들면 어떻게 하는가?

  삶이 불공평한 것 같아 분노와 실망을 느낄 때는 어떻게 대처하는가?

- **회복력**

  살다가 뜻대로 일이 풀리지 않을 때, 툭툭 털고 일어나 제자리로 돌아오는가, 아니면 곤경에 빠졌다며 불평을 늘어놓고 남을 탓하는가?

- **근성**

  목표 달성을 가로막는 장애물과 마주쳤을 때, 앞으로 밀고 나가는가, 아니면 패배를 인정하고 주저앉는가?

흔히 근성(grit)과 멘탈력(mental toughness)을 같은 것으로 여기는데 실은 그렇지 않다. 근성은 힘든 상황 속에서 버텨내는 성향을 가리키지만, 멘탈력은 마음의 상태를 의미한다. 즉 힘든 상황을 견뎌내는 것뿐만 아니라 역경을 바라보는 긍정적인 태도와 견해를 포함한다. 역경이 우리 인생에서 불가피하다는 것을 인정하고 묵묵히 버티며, 목표를 달성하고 더 나은 미래를 얻기 위한 과정임을 이해한다는 뜻이다. 이런 점에서 볼 때 멘탈력은 근성보다는 극기(克己·stoicism)에 더 가깝다.

그렇다 해도 멘탈력을 기르려면 근성이 꼭 필요하다. 근성은 부정적인 감정을 다스리고 조절하도록 도와준다. 또한 실패에 대한 두려움보다 성취에 초점을 맞추도록 자신감도 채워준다. 일정 수준 이상의 근성이 없이 강한 멘탈력을 가지고 있기란 불가능하다.

역경에 부딪혔을 때 회피하고 싶고, 도망가고 싶은가? 뜻대로 되지 않는 일 때문에 분노와 실망감에 휩싸여서 벗어나기 어려운가? 힘든 일은 하기 싫어서 흐지부지 포기하고 뭉개버리는가? 아마도 당신의 답은 '예'일 확률이 높을 것이다. 부끄러워할 필요 없다. 사실은 그게 본능에서 비롯된 자연스러운 반응이다. 멘탈력은 이런

본능적인 반응을 의도적으로 조절해서 내가 원하는 바를 성취하고
자 하는 매우 의식적이고, 인지적인 능력이다.

멘탈력을 보여주는 실제 사례들

○

운동선수

최고의 기량을 가진 운동선수는 멘탈력을 갖춘 사람이다. 축구 선
수부터 피겨스케이팅 선수에 이르기까지 종목을 가리지 않고 운동
선수들은 저마다 가혹한 심신의 시련을 겪는다. 일정 수준의 정신
적 내구력을 기르지 않고서는 그들이 수행해야 하는 혹독한 훈련
과 기준 이하의 성과를 냈을 때 따라오는 좌절감을 견뎌낼 수 없다.

기업가

사업을 성공적으로 일으켜놓은 사람이라면 분명 극심한 스트레스
를 겪었을 테다. 기업가들과 사업주들은 끝없는 장애물과 좌절에
부딪힌다. 그들이 장기적으로 성공하는 방법은 그러한 역경을 견디
고 극복하는 것뿐이다.

의사와 간호사

이 전문가들은 날마다 삶과 죽음을 오가는 상황을 다루지만, 그 어
떤 상황도 대본으로 깔끔하게 정리되어 있지 않다. 응급실에서든

수술실에서든 일이 잘못될 때도 있다. 예상치 못한 난처한 일들이 최악의 상황에 벌어진다. 의사와 간호사가 제대로 의료 행위를 해낼 유일한 길은 감정을 조절하고, 현재 상황을 받아들이며, 일이 틀어질 때 신속히 행동에 나서는 것이다.

응급 요원

이들은 비상사태 현장에 도착해 특수한 도움을 제공하는 임무를 수행한다. 소방관, 경찰관, 구급 의료 대원 등 고도로 훈련받은 사람들이 여기 속한다. 이들은 극심한 스트레스 상황에서 활동한다. 때로는 목숨이 위태로운 순간에도 높은 수준의 임무를 완수해야 한다. 멘탈력 없이는 결코 할 수 없는 일이다.

부모

여러분이 부모라면 이미 건강한 수준의 멘탈력을 갖추었을 것이다. 비록 정신이 인생의 한 영역에만 집중되어 있을지라도 말이다. 아이를 기르다 보면 불확실성과 두려움을 느끼기 마련이다. 갖가지 부정적인 감정과 공황 속에서 심지어 예상치 못한 트라우마를 겪을 수 있다. 이를테면 아이가 다치거나 심각한 질병에 걸리는 경우에도 침착하게 대처해야만 한다. 미래의 보상을 위해 눈앞의 행복을 희생해야 할 때도 많다. 건강하고, 당당하고, 능력을 갖추고, 자립적인 자녀를 길러내려면 스트레스, 두려움, 죄책감을 겪는 풍화기를 거쳐야 한다.

인생의 모든 영역에서 멘탈력을 발휘할 수 있다면

당신도 이미 멘탈력을 가진 사람일 수 있다. 비록 삶의 한 영역에서 멘탈력을 발휘한다고 해서 다른 모든 영역에서도 그럴 수 있다는 말은 아니지만 말이다. 예를 들어, 사업을 운영하며 맞닥뜨리는 난처한 상황을 잘 견뎌낸다고 해서 자녀 양육에 따르는 난제들도 훌륭히 극복한다는 의미는 아니다. 응급실에서 평정심을 유지하며 의술을 행하는 의사라도 결혼 생활에 따르는 골치 아픈 스트레스는 감당하지 못할 수도 있다.

이 책은 당신 인생의 모든 영역에서 멘탈력을 기르는 방법을 보여주려 한다. 강한 멘탈을 갖춘다면 어떤 상황에 부딪혀도 침착하고 온화하며 자신감 있게 대처할 수 있다는 생각에 마음이 편안해질 것이다.

강한 멘탈이
우리 삶에 가져다주는 것들

• • •

멘탈력을 기르려면 노력과 인내가 필요하며 때로는 좌절도 따른다. 자신을 이런 경험에 밀어 넣는 유일한 이유는 이렇게 함으로써 삶이 눈에 띄게 좋아지리라는 기대가 있어서다. 이를 염두에 두고 역경 앞에서 마음을 단단히 다져놓았을 때 오랫동안 누리게 될 열 가지 유익을 간단히 살펴보자.

1. 부정적인 감정을 효과적으로 다룰 수 있다

°

감정은 양날의 검이다. 감정은 즐거움을 안겨주고, 행동에 나서게 하며, 다른 사람에게 공감하도록 돕는다. 하지만 감정은 우리를 파괴할 수도 있다. 분노, 수치심, 두려움, 불안과 같은 부정적인 감정은 끔찍한 결정을 내리게 하고, 실수를 숨기게 하며, 일이 잘못되면 포기하고픈 마음이 들게 한다.

멘탈력을 기르면 자기 감정을 효과적으로 조절하게 된다. 전처럼 감정을 충분히 느끼되 부정적인 감정이 나의 행동과 반응에 과도하게 영향을 끼치지 않도록 다스릴 수 있다.

2. 자기 의심이 줄어든다
°

자기 의심을 완전히 피해갈 사람은 아무도 없다. 거만하다 싶을 정도로 늘 침착해 보이는 사람도 때때로, 아니 아마도 꽤 자주 고개를 갸우뚱하며 자신에 관해 의구심을 가질 것이다.

자기 의심은 모든 사람에게 영향을 미친다. 우리는 과연 내가 효과적으로 경쟁을 치러낼지 의구심을 갖는다. 정말 목표를 성취할 수 있을지 자문한다. 심지어 최악의 시나리오를 떠올리면서 스스로 자신감을 갉아먹도록 놔두기도 한다.

멘탈력을 기른다고 자기 의심이 완전히 사라지지는 않는다. 다만 자기 의심 때문에 성과가 떨어지는 일은 막을 수 있다. 멘탈력은 얼마든지 실패할 수 있지만 이에 대한 두려움은 확실한 증거가 아닌 불안감에서 온다는 사실을 깨닫게 해준다. 스스로를 의심하는 목소리와 달리 내가 성공할 가능성이 클 수도 있다.

3. 일의 목적과 의도가 분명해진다

○

지금 하는 일의 목적을 확실히 알지 못하면 부정적인 상황에 대처하기가 힘들다. 내가 이렇게 노력하는 이유가 분명하지 않으면 의욕적인 상태를 유지하기 어렵다.

몇 달간 일자리를 찾고 있었다고 해보자. 무수히 많은 이력서를 보냈지만 면접을 제의하는 곳조차 없다. 유망해 보이는 곳은 이제 얼마 없고 통장 잔고는 바닥을 향해간다. 자칫하면 좌절감에 빠지기 쉽다. 포기해버리고 싶은 유혹도 든다. 이것이 절망의 파괴력이다. 절망에 빠지면 자신의 원래 목적을 잊어버리고 실패에만 집중하게 된다.

마음가짐을 단단히 해두면 나의 목적을 이루려고 애쓰는 이유에 초점을 맞추게 된다. 내가 행동하는 이유를 알고 있으므로 쉽게 절망하지 않는다. 더 좋은 직장을 구할 수 있을 때까지 임시로 아르바이트를 하면서 버틸지, 아니면 자격증 공부나 시험을 준비해서 다시 구직에 도전할지 냉정하게 판단하고 다시 목표를 설정할 수 있다.

4. 스트레스를 관리할 수 있다

○

스트레스는 실제든 가정이든 어떤 결과를 예상하는 데서 비롯된다. 무엇을 하든 여기에 일의 성공과 실패가 달려 있다는 압박감에서 스트레스가 생겨난다. 이런 마음 상태에서는 일을 그르치면 뭔가 나쁜 일이 일어날 것만 같다.

예를 들어 영업 사원들은 정해진 영업 실적을 채우지 못하면 일자리와 소득을 잃을 위험이 있다. 소방관들은 주어진 일을 제대로 해내지 못하면 타인의 생명을 구할 수 없다. 운동선수들은 좋은 성과를 내지 못하면 경쟁자들에게 밀릴 위험이 있다.

정신적인 힘을 기르면 이런 압박을 견딜 수 있다. 압박에 짓눌리지 않고 오히려 그 속에서 한껏 피어난다. 의욕적이고 낙관적인 상태를 유지하게 하며, 스트레스가 심한 상황에서도 자신의 능력을 신뢰하도록 도와준다.

5. 장애물 앞에서도 최고의 성과를 낸다

°

최고의 성과는 마음가짐에서 나온다. 이 마음가짐은 실패에 반응하는 방식도 포함한다. 운동선수든, 외과 의사든, 요리사든, 음악가든 일이 잘못되었을 때 어떻게 느끼고 반응하느냐가 고도의 수행력을 좌우한다. 주춤하게 만드는 순간들을 마주할 때마다 쉽게 기운을 잃는다면 저조한 성과를 낼 수밖에 없다. 나아가 자신의 잠재력도 충분히 발휘할 수 없다.

멘탈력은 어떤 장애물에도 대비할 수 있게 만든다. 장애물을 만났다고 기운을 잃기보다는 단단한 자신감을 가지고 품위 있게 상황에 대처하게 한다. 까다롭거나 예기치 못한 상황을 잘 겪어내고 난제를 극복하게 된다.

6. 충동에 휘둘리지 않고 목표에 집중할 수 있다

○

우리는 선택권이 주어진다면 나중보다 지금 당장 만족을 경험하려 한다. 이것이 인간의 본성이다. 문제는 때때로 이런 직관적인 성향이 부정적인 결과를 초래한다는 것이다.

우리가 목표를 포기하는 이유는 그것을 이루는 데 너무 큰 노력이 들기 때문이다. 자제력을 불필요한 고통이라고 인식하는 순간, 인내심과 충동 조절력이 하나둘 무너진다. 목표를 위해 열심히 노력하려 했지만 지금 눈앞에 보이는 즐거움의 유혹 때문에 의욕이 꺾이고 만다.

정신적인 힘을 기르면 눈앞의 만족을 지연하는 능력이 강화된다. 더는 자신의 충동에 휘둘리지 않는다. 나를 둘러싼 온갖 유혹에 저항하고, 장차 더 큰 수확을 약속하는 일에 에너지와 주의력을 온전히 기울이게 된다.

7. 역경 앞에서 쉽게 포기하지 않는다

o

역경에 대한 회복력이 없다면 일이 잘못되었을 때 치명타를 입기 쉽다. 삶이 불공평하다는 확신 속에 그만 놔버리고 싶은 기분이 드는 것이다. 현재 상황이 나아질 가능성은 별로 없으니 참고 견뎌봤자 아무 소용없다며 패배를 인정하고 싶을지도 모른다. 자꾸 이렇게 생각이 흘러가면 쉽게 목표를 포기하고 원하는 바를 얻을 수 없다.

하지만 이는 잘못된 가정이다. 상황이란 늘 변하기 마련이다. 게다가 포기하지 않고 끝까지 노력하는 우리의 행동 그 자체가 변화를 가져올 때도 많다. 우리의 행동과 반응 양상에 따라 스트레스 상황은 더 심각해지기도 하고 전보다 누그러질 수도 있다. 불편한 상황 역시 어떻게 반응하느냐에 따라 더 불편해지기도 하고 경험해볼 만한 일이 되기도 한다.

어려운 상황에 대한 심적 회복력을 갖춘다면, 상황은 나아질 것이며 나의 결연함에 보상이 따를 것이라는 확신 속에 꿋꿋이 견뎌낼 수 있게 된다.

8. 대담하게 도전할 수 있다

o

미지에 대한 두려움은 잠재력을 성취하는 데 흔히 나타나는 장애물이다. 이러한 두려움은 여러 가지 형태로 나타나지만 우리 모두에게 가장 익숙한 형태가 하나 있다. 과감하게 자신의 안전지대를 벗어나려 할 때 생겨나는 경계심이다.

인간은 안락함과 예측 가능성에 어마어마한 가치를 부여한다. 누군가는 뜻밖의 일과 자연스럽게 벌어지는 상황을 반긴다고 주장할지도 모르겠지만, 사실 사람들은 대부분 습관의 동물이다. 우리는 루틴을 따른다. 루틴은 편안함을 안겨주고 환경에 대한 통제감을 선사한다. 새로운 것을 시도한다는 생각은 우리를 주저하게 만든다. 미지의 것은 두려움을 안겨준다.

멘탈력은 이 두려움을 깨뜨린다. 멘탈력을 기르면 과감하게 자신의 안전지대를 벗어나 새로운 것을 시도할 용기가 생긴다. 새로운 기술, 지식, 통찰력을 습득해 성장할 기회를 얻을 수 있다.

9. 실패를 인생의 일부로 받아들인다

∘

실패는 인생의 불가피한 일부다. 무언가를 성취하려고 한다면 언제나 실패를 겪을 수밖에 없다.

대다수 사람은 실패를 피하려고 갖은 애를 쓴다. 실패하면 자신의 이미지가 나빠지고 가치가 하락한다고 생각한다. 그래서 위험을 무릅쓰거나 실수할 만한 상황을 피해버린다. 이런 행동이 자신의 개인적·직업적 성장을 저해하는 일인데도 말이다. 실패는 도저히 용납할 수 없을 것만 같다.

심적 회복력은 모든 노력에 따르는 잠재적 결과로서 실패를 받아들이게 할 뿐 아니라 실수의 의미를 배우도록 준비시킨다. 실패했다고 나의 이미지와 가치가 비난받는다고 여기는 것이 아니라, 이를 계기로 행동을 바로잡으면 다음번에는 더 나은 성과를 거둘 거라고 믿게 된다. 더는 실패할 거라는 생각이 당신을 좌우하지 못한다.

10. 기꺼이 놓아버리는 용기가 생긴다

。

우리는 자신에게 정서적 고통을 초래한 일들을 붙잡고 있곤 한다. 끔찍한 결과를 불러왔던 실수, 타인이 저지른 무례함, 먼 과거에 내린 후회스러운 결정이 모두 그런 예다. 이런 것들을 너무 오래 붙잡고 있다가 급기야 스스로를 규정하기 시작한다. 우리 정체성의 일부로 만들어버린다. 이렇게 되면 마땅히 누릴 수 있는 내면의 평화와 자신감을 잃고 만다.

멘탈력을 기르면 과거의 고통을 놓아버리겠다는 의지가 커진다. 후회 속에 눌러앉기보다 이를 발판으로 꾸준한 성장을 꾀하게 된다. 모든 실수가 하나의 교훈이 되어 통찰력을 안겨준다. 무례한 타인의 행동은 가치 있는 인간관계에 집중하고 더 소중히 돌볼 기회가 된다. 후회스러웠던 모든 결정은 나의 의도를 점검해 나의 가치와 일치하는 결정을 내리도록 돕는 계기가 된다.

궁극적으로 모든 일에 나름의 목적이 있었다는 사실을 깨닫고 나면, 과거의 일은 그대로 남겨두고 앞으로 나아갈 수 있다.

강한 멘탈력은 우리 삶에 이렇게나 다양한 유익을 가져다준다. 그렇다면 멘탈력을 갖춘 사람들은 과연 어떤 사람들일까? 멘탈력을 갖춘 사람들에게서 흔히 나타나는 특성들을 살펴보기로 하자.

멘탈이 강한 사람들은
어떤 사람들일까

• • •

살면서 내가 생각하는 성공의 정의를 그대로 보여주었던 사람을 떠올려보자. 입사하면서부터 업무 능력을 인정받아 매번 거액의 성과급을 받고 빠르게 승진한 임원, 작은 가게로 장사를 시작했지만 입소문이 나 고정 고객층을 탄탄하게 확보한 친구, 큰 사업을 일군 젊은 CEO, 어린 나이에 세계적인 사랑을 받고 있는 연예인……. 멀리에서 찾지 않아도 된다. 어쩌면 일도 잘하고 인기도 좋은, 바로 당신 옆자리에 앉아 있는 동료일 수도 있다.

그들도 다른 모든 사람처럼 역경을 마주한다. 그들도 나날의 삶 속에서 일이 잘못되는 것을 경험한다. 예기치 않은 상황이 끊임없이 벌어져 성공의 경로에서 이탈할 것 같은 위기감을 느낀다. 순간순간 실패할 위험이 도사리고 있고 때로는 이를 피할 수 없다.

하지만 그들은 이런 장애물 속에서도 어떻게든 버텨내어 결국 성공을 이룬다.

어떻게 성공을 이룬 것일까? 답은 멘탈력에 있다. 이들에게는 강인한 멘탈이 있기에 힘든 상황과 마주할 때 회복력을 발휘할 수 있었다. 근성, 끈질김, 용기, 자기 능력에 대한 자신감을 바탕으로 갖가지 도전에 직면하고, 고난과 실패는 불가피하다는 사실을 떠올리며 마음을 다진다. 즉 당신이 원하는 목표를 성취하고 실패에도 무너지지 않기를 원한다면 강인한 멘탈력을 갖춰야 한다.

멘탈이 강한 사람들을 자세히 들여다보며 그들은 어떻게 움직이는지 배우는 것은 매우 유용하다. 멘탈력을 가진 사람들의 특징과 지금 내 모습을 비교하면서 읽어보자.

1. 나의 영향력을 벗어난 일에 집착하지 않는다

우리를 둘러싼 세계에서는 한낱 개인이 좌지우지하기 힘든 수많은 일들이 벌어진다. 지구온난화, 식량 안보와 같은 굵직굵직한 사안부터 내가 담당하고 있는 프로젝트에서 발생한 사고, 거래처의 부도, 가까운 지인의 불행한 소식 등이 그러하다. 최근 전 세계가 겪고 있는 코로나19도 여기에 포함될 것이다.

멘탈이 강한 사람들의 남다른 점은, 자신의 관심이나 능력에도 불구하고 이런 대다수의 사안에 내가 미칠 수 있는 영향력은 미미하다는 사실을 빨리 인정한다는 것이다. 대신 지금 바로 할 수 있는 일을 찾아 실천한 뒤 그로부터 자유롭게 놓여난다. 즉 자신이 상당한 영향력을 행사할 수 있는 일에 집중한다.

- 지구온난화의 시급함을 목이 터져라 외치고 있는데 변하는 게 없다며 좌절하지 않는다. 그보다는 지구온난화를 막기 위해 일회용품 사용 줄이기에 동참한다.
- 왜 처음부터 부도 가능성이 없는 탄탄한 거래처를 찾지 못했는지 탓하지 않는다. 거래처의 부도 상황을 확인하고 채권자들의 모임에서 할 수 있는 일을 찾아본다.
- 지인의 불행에 과몰입해서 함께 슬픔에 빠져 있는 게 아니라 필요한 것은 없는지 묻고 간단하게 챙겨먹을 수 있는 식사를 보내준다.

멘탈력이 있는 사람들은 집착에서 놓여나 앞으로 나아갈 때를 안다.

2. 예상치 못한 일에 유연하게 대처하는 융통성이 있다
。

삶은 우리에게 이런저런 속임수를 던진다. 어떤 상황이 나의 예상대로 정확히 펼쳐지리라 자부하던 순간, 예기치 못한 상황에 부딪혀 일이 엉망이 될 위험에 놓이기도 한다. 대다수 사람은 예상치 못한 전개에 부딪히면 깜짝 놀라고 심지어 마비된 듯 얼어버린다.

강한 정신력을 가진 사람들은 여기서도 다른 이들과 큰 차이를 보인다. 그들은 계획을 세우는 것이 유용하긴 하지만, 아무리 주의 깊게 준비한 계획이라도 예상치 못한 상황이 벌어지면 삽시간에 무너질 수 있다는 사실을 알고 있다. 그래서 그들이 택한 전략은 적응하는 법을 배우는 것이다. 예상치 못한 상황에 부딪힐 때마다 조정할 수 있도록 정신적으로 유연한 태도를 기른다.

지인 중에 자신이 목표한 바를 꾸준히 성취해나가는 사람을 본 적 있는가? 잇따른 장애물에 부딪히는데도 평정심을 유지하는 비결이 궁금했는가? 대개는 예기치 못한 일에 심리적으로 대비하는 적응력을 갖춘 덕분이다.

3. 자기 자신에 대해 정확하고 구체적으로 알고 있다
。

대다수 사람들은 자기 자신을 잘 안다고 생각한다. 하지만 내가 보기에 실제로 그런 사람은 드물다. 무엇이 자신의 감정을 건드리는지는 알기 쉽다. 우리는 분노, 긴장, 행복감을 일으키는 것들을 '일부' 알고 있다. 그러나 어떤 감정에 빠졌을 때 거기에서 빠져나오기 위해서 무엇을 해야 하는지는 모른다. 자신이 장점과 단점을 모두 보유하고 있다는 사실도 인지하고 있다. 하지만 장단점을 객관적으로 들여다보고 위기 상황에서 전략적으로 활용하는 경우는 거의 없다. 자기 자신을 제대로 인식하기란 이렇게 어렵다.

나의 정서적 상태, 나의 의사결정과 행동을 주도하는 동기, 나의 성격과 기질이 미치는 영향력을 깨닫는 것을 자기 인식이라고 한다. 진정한 자기 인식의 영역은 매우 깊고 구체적이다. 정신력이 강한 사람들은 자기 인식이 뛰어나다. 그래야만 한다. 이런 자각이 있어야 어떤 일이든 효과적으로 수행하고 눈앞에 펼쳐지는 모든 상황을 능숙히 다룰 자신감이 생긴다. 그들은 자신이 변화하는 상황에 적응하고 갖가지 장애물을 극복하리라 믿는다. 자신의 강점만큼이나 약점도 잘 알고 있기 때문이다. 덕분에 그들은 자기 감정을 조절하고, 스트레스를 감내하며, 일이 틀어져도 회복력을 유지한다.

4. 불확실한 상황에 직면하려는 의지가 강하다

。

정신력이 강한 사람들은 뜻밖의 상황에 잘 적응하는 것은 물론이고 여기에서 더 나아가 불확실한 상황에 적극적으로 마주하려는 의지도 있다.

이들은 자신의 모든 계획이 불완전하다는 사실을 인정한다. 반대로 모든 계획은 예기치 못한 상황에 부딪혀 실패할 수 있다는 사실도 직관적으로 알고 있다. 1800년대 프로이센의 육군 참모총장을 지낸 헬무트 폰 몰트케(Helmuth von Moltke)는 이렇게 말했다.

"어떤 전투 계획도 적과 마주한 순간 살아남지 못한다."

이런 사실을 알고 있지만 그들은 앞으로 밀고 나아가려 한다. 잠재적 실패가 곳곳에 도사리고 있음을 알면서도 행동에 나설 각오가 되어 있다.

이는 예외적인 특성이다. 여러 번 설명했듯이 인간은 예측 불가능성과 실패를 두려워한다. 그럼에도 멘탈력이 강한 사람들은 정서적·심리적, 심지어 육체적 패배의 위협을 안고 있는 불리한 상황을 숱하게 겪으며 오랜 시간에 걸쳐 자신을 단련시킨다.

5. 감정을 능숙하게 조절한다

우리 모두는 부정적인 감정을 경험한다. 실망스러운 일들, 기대에 못 미치는 결과, 우리 삶을 복잡하게 만드는 뜻밖의 일들이 그런 감정을 몰고 온다.

직장에서 업무 평가 점수가 저조하게 나와 낙담한 적이 있을 것이다. 1년 동안 오로지 공부에만 파묻혀 살았다고 생각했는데 몇 문제 차이로 허망하게 떨어져서 깊은 좌절을 경험했을 수도 있다. 중요한 순간마다 업무 담당자인 내 의견은 묻지도 않고 멋대로 결정하는 팀장 때문에 부들부들 몸이 떨릴 정도로 엄청난 분노를 느끼기도 한다.

많은 사람이 자기 감정에 휘둘리며 산다. 이런 감정은 우리의 발목을 잡는다. 이성적인 판단을 통해 능률적으로 움직이지 못하게 만듦으로써 개인적·직업적 성장을 가로막는다. 이것이 낙담, 분노, 좌절 등의 부정적인 감정을 경험할 때 생겨나는 문제다.

강한 멘탈을 가진 사람들은 감정을 조절하는 데 대가가 된 이들이다. 그들의 감성 지능(emotional intelligence)은 대다수 동료보다 높다. 부정적인 감정을 전혀 경험하지 않는다는 뜻이 아니다. 오히려 그들은 이런 감정을 잘 파악해 자신을 다잡은 뒤, 목적을 가지고 앞으로 나아간다.

6. 실망을 재빨리 털고 일어난다
。

삶은 실망할 일투성이다. 더러는 사소한 일이라 일상생활에 끼치는 영향이 미미하지만, 어떤 것들은 무거운 실망을 안겨주어 몇 주, 몇 달간이나 우리 마음을 지배하기도 한다. 승진을 꿈꾸며 수년간 힘들게 업무에 매달렸는데 막상 때가 되자 마땅한 인정을 받지 못했다고 생각해 보자. 몇 달 동안 새로운 메뉴를 개발했는데 갑자기 원재료값이 폭등해서 도저히 팔 수 없는 상황이 됐다고 해보자. 이런 유형의 실망은 너무 충격적이어서 더는 위험을 감수하지 않게 만들 수도 있다. 꼼짝없이 마비될 정도로 실망이 커지면 목표를 설정하고 계획을 수립해 행동에 나서는 것은 꿈도 꾸지 못하게 된다. 요컨대, 앞으로는 그런 실망감을 경험하지 않으려고 갖은 애를 쓸 것이다.

강한 멘탈을 지닌 사람은 사태를 다르게 본다. 그들도 다른 사람들처럼 갖가지 실망을 겪을 수밖에 없다는 사실을 알고 있다. 하지만 그런 일들은 훌륭한 배움의 기회가 된다는 사실도 염두에 두고 사태를 살펴본다. 때로는 실망스러운 결과를 통해 잘못된 전술, 비효과적인 접근법, 피할 수 있는 실수를 깨닫는다.

멘탈력을 갖춘 사람들은 이러한 건강한 관점 덕분에 실패로부터 더 쉽게 털고 일어난다.

7. 실용적인 낙관주의자다

。

우리는 날마다 부정적인 것들의 폭격을 맞는다. 최근 벌어진 정치 의혹, 불황이 임박했다는 보도 등을 접할 때면 우울하고 회의적인 기분에 빠지고도 남는다. 모든 일이 술술 잘 풀리면 좋겠지만 어떤 존재가 일부러 방해라도 하는 듯 하는 일마다 꼬이고, 훼방을 놓는 사람이 나타나기도 한다.

그럼에도 강한 멘탈력을 가진 사람들은 대체로 긍정적인 태도를 보인다. 이들은 미래를 낙관적으로 바라본다. 그러나 이들의 낙관주의는 조심스럽다. 정확히 말해 이들은 자신의 세상이 무너지는데도 마냥 씩씩하고 활기 있게 지내는 사람들은 아니다. 대신 다른 사람들 눈에는 재앙과 절망만 보일 때도 그들은 기회를 발견한다. 그리고 자신을 부정성으로부터 보호함으로써 그런 생각에 휩싸이기를 거부한다. 동시에 이들은 자신의 능력과 올바른 판단력으로 모든 상황을 최대한 활용할 수 있다는 자신감을 유지한다.

멘탈을 무너뜨리는
여덟 가지 적

• • •

온갖 골칫거리와 좌절에 직면하면서도 자신의 인내력에 대한 믿음을 지키기까지는 오랜 시간이 걸린다. 심적 회복력을 기르는 것이 손쉬운 일이었다면 누구나 뛰어들었을 테고, 오히려 포기한다는 것이 이상하게 여겨졌을 것이다. 하지만 삶은 순간순간 감당할 수 없을 것 같은 장애물을 던져주는 것이 사실이다. 따라서 일이 틀어졌을 때 우리의 자신감과 낙관성을 갉아먹는 체념과 절망을 이겨내도록 마음을 훈련해야 한다.

이 과정에서 멘탈을 무너뜨리는 적을 만나는 것은 불가피한 일이다. 당신은 이미 몇몇 경우를 접해보았을지도 모른다. 각각의 시련은 대처하기 어려운 상황에서 당신을 항복하게 만들기 위해 겁주고 압박했을 것이다.

여기에서는 끈질긴 마음을 기르는 과정을 가로막는 여덟 가지 흔한 위협을 살펴본다. 당신이 결단력을 다져가는 동안 어떤 위험에 예의주시해야 할지 알 수 있다면, 그 위험들이 고개를 들기 전에 먼저 알아챌 수 있다면, 주어진 상황을 극복하기 훨씬 쉬울 것이다.

첫 번째 적: 자기 연민
°

자신을 안타깝게 여기는 것은 지치는 일이다. 여기에는 어마어마한 에너지가 든다. 게다가 이런 태도는 어려운 상황을 꿋꿋하게 견디기보다 자신의 결심을 무너뜨려 실패에 무릎 꿇게 할 가능성이 크다. 자기 마음을 단단하게 만들어 나아갈 길을 찾지 않고 불리한 상황에 눌러앉게 된다.

이렇게 되면 행동에도 영향을 받는다. 양팔을 걷어붙이고 자기 고집을 지키는 대신, 모든 것이 잘못되어 간다는 사실에만 골몰한다. 이런 부정성에 젖어 있으면 힘든 상황을 극복하는 데 필요한 행동에 나서지 못하게 된다.

이것이 자기 연민이 지닌 위험이다. 자기 연민은 심리적 회복력을 가로막는 무시무시한 독이다.

두 번째 적: 자기 의심
°

나의 능력과 기술을 충분히 신뢰할 수 없는 상황에서는 강한 멘탈을 유지하기 어렵다. 그러나 능력과 기술이 부족해 성패가 갈리는 경우는 많지 않다. 대개 결정적인 요인은 불확신이다. 불확신으로 인해 행동에 나서지 못할 때 성공이 가로막힐 위험이 더 크다.

자기 의심이라는 감정 자체가 잘못된 것은 아니다. 이는 자연스러운 일이다. 자기 의심은 자신을 보호하고 힘든 일 앞에 대비하기 위해 뇌가 활용하는 방법이다. 포춘 500대 기업의 대표, 세계적인 운동선수, 일류 영화감독, 심지어 대통령도 자기 의심을 겪곤 한다.

문제는 자기 의심이 마음속에 발을 들여놓고 자신을 마비시키도록 놔둘 때 생겨난다. 이 경우 우리의 모든 에너지는 불확신 속에 자신을 무력하게 만드는 결함에만 초점을 맞춘다.

세 번째 적: 내면의 비판자

°

이 적은 앞서 말한 두 번째 적과 관련이 있는데, 우리의 인지적 결단력에 파괴적인 영향을 끼친다는 점에서 별도로 살펴볼 필요가 있다.

우리 각자의 내면에는 비판자가 있다. 이 비판자는 우리 머릿속에서 내가 그리 훌륭하지 못하고, 그리 똑똑하지 못하고, 그리 매력적이지 못하다고 말하는 목소리다. 이 목소리는 내가 바라는 성공에 내가 어울리지 않는다며 잔소리를 해댄다. 내가 하는 모든 일에서 흠을 찾아내고, 다른 사람도 이를 알아챌 거라며 다그친다.

멘탈력을 기르는 과정에서 내면의 비판자는 당신의 가장 까다로운 적일지도 모른다. 이 비판자는 당신이 수행한 일의 부정적인 측면만 파고들 뿐 아니라, 당신 자신도 그 부분에만 골몰하게 만들려고 애쓸 것이다. 그것이 실제든 아니든 중요하지 않다. 한번 내 마음이 부정성으로 기울게 되면, 나의 결심을 가로막으려는 내면의 비판자는 목적을 달성한 셈이다.

강한 멘탈을 가지려면 부정적인 자기 대화를 잠재워야 한다. 보스 노릇을 하는 내면의 비판자에 대해서는 뒤에서 더 자세하게 알아보겠다.

네 번째 적: 두려움

∘

우리는 많은 것을 두려워한다. 남들의 기대에 부응하지 못할까 봐 두려워하고, 그래서 그들을 실망시킬까 봐 두려워한다. 우리 자신의 기대에 미치지 못할 것도 두려워한다. 실패를 두려워하며 성공도 두려워한다. 낯선 것, 미지의 것도 두려워한다.

형태와 관계없이 두려움은 우리의 심리적 회복력을 파괴한다. 우리의 결심을 서서히 파괴하고, 해로운 감정을 분출시키며, 잠재적으로 부정적인 결과에 집중하게 만든다. 그 결과 우리는 혹여 일어날지도 모르는 재앙을 상상하며 꼼짝없이 얼어붙는다.

두려움은 현실을 왜곡한다. 이 감정은 뭔가를 하고 나면 반드시 재앙과 파괴가 뒤따를 것이라는 메시지를 심어준다. 두려움이 우리 마음에 자리 잡게 놔두면 행동에 나서기도 전에 패배감에 빠진다.

두려움은 부정적인 결과가 일어날 모든 가능성을 가져다가 이로 인한 영향을 한껏 부풀린다. 발표를 앞두고 있을 때, 두려움은 내가 청중의 조롱을 받고 무능력한 실패자로 영원히 낙인찍힐 것이라고 속삭인다. 그러나 실제로는 설령 계획과 어긋난 것이 있더라도 청중에게 우호적인 인상을 남길 수 있다.

사실 우리가 무엇을 하든 재앙이 초래될 가능성은 너무도 적어서 진지하게 생각할 가치도 없다.

다섯 번째 적: 게으름
°

절대 게으름을 피워서는 안 된다는 말이 아니다. 여유를 갖고 느긋하게 쉬는 것은 잘못된 일이 아니며, 주기적인 휴식은 반드시 필요하다. 그렇지 않으면 번아웃에 빠지고 만다. 번아웃은 게으름을 피우는 것보다 수행력과 능률을 훨씬 더 위협한다. 다만 게으름을 그대로 내버려두면 또 다른 게으름을 낳을 수 있다.

아침에 알람이 울렸는데 곧장 침대에서 일어나지 않고 알람을 뒤로 미루는 스누즈 버튼을 눌렀다고 해보자. 몇 분 뒤에 또 버튼을 누르고, 또다시 이를 반복한다. 실제로 자리에서 일어날 즈음에는 몸이 천근만근이다. 결국 그날 하루는 계획보다 늦게 시작된다. 이렇게 뭉그적대며 하루를 열면 그 분위기가 바닥에 깔려 종일 계획이 틀어지고 수행력이 저하된다.

특히 아침에 피운 게으름은 무력감의 발단이 되어 일이 틀어졌을 때 충분한 인내력을 발휘하지 못하게 만든다. 마음을 굳히고 인내하며 역경을 헤쳐나가기보다는 정신적 무기력 때문에 패배를 인정하게 된다.

여섯 번째 적: 완벽주의

o

우리 모두는 오점 없이 일을 수행하려 한다. 직장에서는 흠 잡을 데 없이 깔끔하게 업무를 완수하려고 애쓴다. 집에서는 생활 공간이 어수선하지 않길 원한다. 운동경기에 참여할 때면 프로 선수인 것처럼 나무랄 데 없는 실력을 뽐내려 한다. 학교에서는 모든 과제와 시험에서 훌륭한 점수를 받고 싶어 한다.

간단히 말해서 우리는 완벽을 선호한다.

대다수 사람은 자신이 완벽하지 않다고 기꺼이 인정한다. 하지만 몇몇 사람은 완벽에 미치지 못한다는 데 혐오감을 느낀다. 내가 완벽하지 않다는 사실을 좀처럼 받아들이지 못한다. 그래서 한편으로는 자신의 기대를 충족시키려고, 다른 한편으로는 타인의 기대를 저버리지 않으려고 노력하면서 매사에 완벽해지려고 고군분투한다.

문제는 완벽주의가 멘탈력을 기르는 데 끔찍한 골칫거리라는 점이다. 불완전한 수행은 절대 용인되지 않는다는 생각처럼 성가시고, 우리의 행동을 철저히 가로막고, 인지적 회복력을 갉아먹는 것은 없다. 이렇게 자신을 괴롭히다 보면 자기 의심이 일어나 내면의 비판자가 전면에 등장하게 된다.

일곱 번째 적: 감정적인 태도

○

감정은 때에 따라 최고의 동지이기도 하고 최악의 적이기도 하다. 때때로 우리는 즐거움, 희망, 사랑을 경험하고 영감도 받는다. 이런 긍정적인 감정은 자신감과 만족감이 들게 하고 미래를 낙관적으로 바라보게 한다. 분노, 슬픔, 질투심을 느낄 때도 있다. 이런 부정적인 감정들은 절망감과 분개심을 일으키고, 불필요한 불안을 초래할 수 있다.

앞서 지적했듯 부정적인 감정 자체가 문제는 아니다. 이런 감정들도 우리 정신을 구성하는 자연스러운 일부다. 부정적인 감정을 경험한다고 멘탈력을 기르지 못하는 것은 아니다.

진짜 문제는 이런 감정을 조절하지 못하는 데서 비롯된다. 부정적인 감정에 대한 통제력을 잃으면 너무 쉽게 부정성의 늪에 빠져버린다. 자신의 주의력을 부정적인 감정에 더 많이 쏟을수록 강한 멘탈과 결단력을 유지하기가 어려워진다. 간단히 말해 삶의 갖가지 어려움에 대처하는 능력이 떨어진다.

여덟 번째 적: 자기 제한적인 신념

°

우리 각자에게는 고유한 강점과 단점이 있으며 자기 능력에 관한 신념도 가지고 있다. 그런데 이 신념들이 때로는 현실과 어긋나기도 한다. 즉 개인적 결함이 전혀 없는데도 결함이 있다고 가정한다. 불합리한 신념은 자신의 목표를 이루기 위해 의욕적으로 행동하는 능력을 저해한다.

본업 외에 또 다른 사업을 하나 시작하려고 고민하는 경우를 생각해 보자. 이때 나타나는 흔한 자기 제한적인 신념은 다음과 같다.

- 사업을 시작하기에는 너무 늦지 않았나.
- 난 사업을 경영해본 적이 없잖아. 경험이 없으니 실패하겠지.
- 이 제품 아이디어는 엉터리야. 사줄 사람이 없을걸.

이런 신념은 부정확한 그림을 그리게 하고, 허위이거나 근거 없는 추측을 두드러지게 한다. 당신은 또 다른 사업을 시작하기에 결코 늦은 나이가 아니다. 무수히 많은 사람이 아무런 경험 없이도 성공적으로 사업을 일궈냈다. 제품을 권해보지 않고서는 사람들이 당신의 제품을 사줄지 알아낼 방법이 없다.

자기 제한적인 신념의 문제는 첫발을 내딛기도 전에 우리를 파괴한다는 것이다. 이런 신념들은 우리가 원하는 것을 성취할 준비가 되어 있지 않다고 다그친다. 이 가혹한 생각들을 극복하지 않는다면 고난과 압박에 부딪힐 때 결코 버텨낼 수 없다. 본의 아니게 자신의 성장을 가로막고 잠재력을 펼쳐내지 못하게 된다.

지금까지 우리는 힘든 상황 속에서도 포기하려는 유혹을 이겨내도록 뇌를 훈련하는 데 필요한 배경 지식을 익혔다. 다음 파트에서는 멘탈력을 구성하는 핵심 요소들을 살펴볼 예정이다.

이 과정은 길고 힘든 여정일 수도 있다. 자기반성과 인내심을 발휘하고, 앞으로 배우게 될 전술과 전략을 꾸준히 적용해야 한다. 하지만 이 길의 끝에 다다를 즈음에는 갖가지 삶의 역경을 대담하게 극복하게 하는 멘탈력을 갖추게 될 것이다.

멘탈력의 여덟 가지 적 중에서 당신의 인지적 회복력을 망치고 있는 것들은 무엇인지 생각해 보자. 이 중에서도 특별히 나를 힘들게 만드는 적이 있을 것이다. 어쩌면 하나가 아니라 여러 가지를 상대로 고군분투하고 있을지도 모른다. 그리고 여기에 적은 것들을 다시 작은 메모에 옮겨 적고 눈에 잘 띄도록 책상 주변에 놓아두자. 이 활동을 통해 당신이 멘탈력을 기르며 극복해야 할 난제가 무엇인지 더 확실히 인식하게 될 것이다.

"'넌 그림 그릴 능력이 없어'라는 내면의 목소리가 들린다면
반드시 계속 그림을 그려라.
그러면 그 목소리가 사라질 것이다."

_빈센트 반 고흐(Vincent van Gogh)

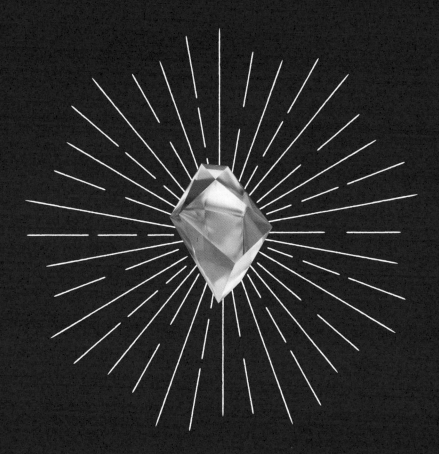

PART
02

◆ 기본 ◆

강한 멘탈을 키우기 위해
알아야 할 것들

이제 본격적으로 멘탈력은 어떤 요소로 구성되어 있으며 어떻게 강해질 수 있을지 탐구하려고 한다. 여기서 공유하는 실용적인 전략을 적용한다면 감정을 다스리고, 결의를 다지며, 당신이 마주치는 모든 상황에 대처하는 데 필요한 마음가짐을 기를 수 있다. 또한 눈앞의 상황이 당신의 기대에서 벗어날 때 끈질김과 근성을 기르는 데도 유용하다.

단순히 정신적인 지구력을 말하는 것이 아니다. 인내력만을 의미하지도 않는다. 계획대로 사태가 진행되지 않을 때도 앞으로 밀고 나아가는 인지적 결단력을 기르자는 것이다. 그러려면 용기, 자신감, 꿋꿋한 정신이 필요하다.

갖가지 좌절을 마주하고 도전을 극복하면서도 압박에 짓눌리지 않고 평정심과 침착성을 지키는 것은 후천적인 기술임을 여러 번 강조해왔다. 기꺼이 시간과 노력을 들여서, 열의를 다해 마음을 훈련한다면 누구든지 강한 멘탈을 갖출 수 있다. 특히 여기 두 번째 파트에서 당신도 직접 훈련에 뛰어들 수 있다! 그리고 내 주장이 사실임을 확인할 수 있을 것이다.

책에서 반복해서 등장하는 실전 트레이닝은 여기서 배운 것을 효과적으로 적용하도록 고안되었다. 이미 어디에선가 접해보았던 질문들일 수도 있다. 그러나 당신이 진지하게 답해본 적은 한번도 없는 문제들이기도 하다. 이 트레이닝들이 멘탈력을 기르는 데 중요한 토대가 된다.

충동을 다스리고, 행동을 조절하며, 마음가짐을 다잡아 역경 앞에 긍정적이고 능률적으로 반응할 준비가 되었는가? 어려운 상황에 대한 뇌의 작동 방식과 반응 양상을 조정할 의향이 있는가? 그렇다면 이제 시작해 보자!

1

*

멘탈을 좌지우지하는
핵심 요소들

여기에서는 우리의 멘탈을 이루고 있는 토대가 무엇인지 살펴
본다. 감정, 내면의 비판자, 태도, 자신감이 바로 그것이다. 이
요소들을 하나하나 점검하다 보면 각각의 요소들이 서로 깊게
연결되어 있음을 깨닫게 될 것이다.

감정

감정을 억눌러야
한다는 오해

• • •

감정은 도전과 좌절을 직면하는 데 중요한 역할을 한다. 주변의 모든 것이 틀어질 때 효과적으로 대처하는 능력은 내 감정을 처리하는 방식과 긴밀히 연결되어 있다. 감정을 다스리지 못하면 압박 속에서 일을 수행하는 능력이 저해된다. 하지만 감정에 대한 통제력을 발휘할 수만 있다면 실수와 괴로움을 다루기가 훨씬 수월하다.

이를 가리켜 감성 지능이라 한다. 다시 말해 감성 지능이란 자기 감정을 파악하고 다스려 효과적으로 대처하는 능력을 말한다. 역경 앞에서 마음을 단단히 만들려면 감정을 억누를 것이 아니라 오히려 이와 반대되는 행동, 즉 제대로 다스리는 능력을 목표로 삼아야 한다. 난제를 만날 때마다 나의 감정이 어떤지 깨닫고자 노력함으로써 두려움을 다스리고, 스트레스를 관리하며, 목적과 결단력을 바탕으로 사태에 반응해야 한다.

감정을 조절한다는 것의 의미

。

강한 멘탈을 가지려면 마음 깊은 곳에서 내가 어떤 감정을 느끼는지 알아야 한다. 그래야 나의 생각, 신념, 확신을 정확히 인식할 수 있고, 나의 가치를 명확히 함으로써 불리한 상황 속에서도 목적에 따라 반응할 수 있다.

강한 멘탈을 가진다고 하면 감정과 무관한 것, 철저하게 분리된 것으로 인식하는 경향이 있다. 오히려 정반대다. 자기 감정으로부터 자신을 분리하거나 억누르는 것이 아니다. 오히려 감정을 껴안아야 한다. 그래야만 감정들을 제대로 다스릴 수 있다. 장기적인 측면에서 자기 감정과 연결이 끊어지면 불안과 우울에 더 취약해질 뿐이다.

감정 조절이란 자기 감정을 인식하고, 왜 그런 감정을 느끼는지 이해하며, 이를 건강한 방식으로 다스리는 것을 수반한다. 일이 잘못 진행될 때 느끼는 두려움, 좌절, 그 외 부정적인 감정을 깨닫고 나면 이를 평가해 자기 감정의 정확도를 파악하고, 비현실적인 감정들을 조절할 수 있다. 자기 감정을 다스리면, 즉 정서적인 통제력을 발휘하면 그 감정을 깨닫고, 직면하고, 면밀히 살펴보고, 내가 처한 상황에 비추어 그 감정이 적절한지 판단할 기회가 생긴다.

학교에서 시험을 봤는데 형편없는 성적을 받았다고 해보자. 어쩌면 이렇게 바보같고 나아질 기미가 보이지 않는가 싶어 자신이 역겹게 느껴질 수도 있다. 이런 부정적인 감정과 지나치게 비판적인 추측은 앞으로 더 나아질 수 있는 당신의 능력과 가능성을 방해한다. 정서적 통제력을 발휘하면 이런 감정과 추측을 솔직하게 들여다보고 이것들이 정확한지 판단할 수 있다. 스포일러를 하자면, 정확한 경우는 드물다. 그리고 현실에 비추어 나의 능력을 제대로 인식할 기회가 된다.

멘탈력은 나 자신과 나의 수행력을 어떻게 인식하느냐와 직접적으로 연관된다. 내가 처한 상황은 관계없다. 스트레스, 실망, 불안에서 비롯된 감정은 우리를 갉아먹는다. 이 감정들은 우리를 둔하게 만들고, 일이 잘못되면 원래의 목적을 저버리게 한다. 이런 점에서 감정 조절은 필수 기술이라고 할 수 있다.

감정을 다스리는 방법

많은 사람이 평생 자기 감정에 심하게 휘둘리며 살아간다. 자신의 능력에 비추어볼 때 전혀 합리적이지 않은 감정인데도 거기에 크게 좌우되곤 한다.

감정에 대한 통제력을 기르려면 시간과 요령이 필요하다. 다음은 내게 효과적이었던 몇 가지 요령이다. 당신에게도 이 방법들이 유용하리라고 믿는다.

• 긍정적인 감정과 부정적인 감정을 모두 돌아본다. 그 감정들을 인정한다.

- 부정적인 감정이 드러날 때면 이를 자세히 살펴본다. '이 감정들은 합리적인가?' 하고 자문한다. 그렇지 않다면, 이 감정들이 어떻게 나를 제지하는지 생각해본다.
- 매일 5분간 명상한다. 자신의 감정을 관찰하되 판단하지 않는다. 아침 시간이 제일 좋지만, 하루 중 언제라도 좋다.
- 부정적인 목소리가 들리면 그 주장이 정말 맞는 말인지 살펴본다.
- 내가 영향력을 발휘할 수 있는 상황과 그렇지 못한 상황을 인식한다. 내 영향력이 미치지 못하는 상황이라면 좌절감이 들더라도 놓아버리는 습관을 들인다.
- 결과를 알 수 없어도 행동에 나서봄으로써 적극적인 자세를 훈련한다.
- 잘 자고, 잘 먹고, 운동하려고 노력한다. 몸 건강은 마음 건강에 영향을 미친다.

'공감'이라는 도구 활용하기

공감은 '타인에게 친절하기'라는 개념으로만 오해를 받으며 지나치게 단순하게 여겨질 때가 많다. 하지만 공감에는 공손하거나 경청하는 것 이상으로 많은 의미가 담겨 있다. 공감한다는 것은 다른 사람 입장에 서서 그가 주어진 상황에서 어떤 감정을 느낄지 깨닫는 것이다. 이를 통해 타인의 생각과 감정을 이해할 수 있다.

공감은 주로 타인을 이해하는 것을 말하나 자신의 멘탈력을 기르는 데도 유용하다. 우리는 타인의 경험을 통해 다양한 역경에 대한 남다른 통찰을 얻는다. 멘탈이 무너질 수 있는 상황을 객관적으로 명확히 이해함으로써 우리가 그런 상황에 부딪혔을 때 이를 활용할 수 있다.

공감하는 태도로 아래 질문에 솔직히 답해보자.

- 비슷한 상황에서 나는 어떤 감정을 느낄까?
- 그런 감정을 느낄 때 나라면 어떻게 반응할까?
- 나의 능력, 기술, 지식에 비추어볼 때 그 반응은 합리적인가?
- 이런 상황에서 나는 어떤 유형의 사람이어야 할까?

공감은 우리를 타인과 이어준다. 누군가 어려움에 처했을 때 그 상황에 대한 섣부른 추측을 줄여주고 본받을 만한 점을 찾아낼 수 있다. 더 나아가서는 복잡한 일들과 스트레스에 눌릴 때 자신의 기질을 솔직하게 점검하고 자신을 더 잘 이해하게 된다.

일이 잘못될 때 가장 자주 느끼는 부정적인 감정을 적은 뒤, 그 감정이 나의 행동에 어떤 영향을 미치는지 기록하라. 그리고 앞으로는 어떻게 반응할지도 적어보자. 막연하게 느껴질 당신을 위해 내 노트의 내용 일부를 공개한다. 어렵지 않다. 가벼운 마음으로 시작해 보자.

● 분노

　– **나의 행동**: 벌어진 상황과 무관한 다른 사람에게 분노를 터트린다.

　– **앞으로의 변화**

　　: 화가 나면 심호흡을 5번 한다.

　　: 10분간 귀여운 고양이 사진을 찾아본다.

● 당황

　– **나의 행동**: 심리적으로 얼어붙어 아무 일도 못한다.

　– **앞으로의 변화**: 지금 당장 할 수 있는 일을 하나 찾아 일단 실행한다.

작은 목소리로도
얼어붙게 만드는 존재

• • •

내면의 비판자는 교활한 적수다. 그는 당신의 주의를 끌기 위해 크게 소리 지를 필요가 없다는 것을 잘 알고 있다. 당신의 정신을 무너뜨리고, 자신감을 닳아 없애며, 부정적인 태도를 가지도록 만들 때도 굳이 소리칠 필요가 없다. 내면의 비판자는 의심쩍고 비난 섞인 주장을 당신에게 속삭인다. 그걸로 족하다. 우리는 이런 속삭임이 만들어낸 엄청난 두려움과 불안 때문에 꼼짝없이 얼어붙어 행동에 나서지 못한다.

사람이라면 모두 내면에 비판자가 있다. 그는 저 뒤에 느긋하게 앉아서 우리의 행동을 비판하고, 우리가 한 일을 판단하며, 우리의 의사 결정을 비난할 기회를 노리고 있다. 이러한 내면의 목소리를 잠재우는 법을 배워야 한다. 그렇지 않으면 끊임없는 그의 공격에 압도당할지도 모른다. 내면의 비판자가 종일 만들어내는 부정적인 자기 대화는 우리의 정신과 감정에 심각한 피해를 줄 수 있다.

그렇다면 부정적인 자기 대화를 어떻게 인식할 수 있을까? 이 대화는 명확하게 드러나지 않을 때도 많다. 대화의 신호를 재빨리 알아차릴 수 있다면 내면의 비판자가 저지르는 괴롭힘을 멈춰 세우기 한층 수월할 것이다.

내면의 비판자가 쉼 없이 활동한다는 흔한 신호

내면의 비판자는 어린아이와 같다. 쉽게 지루함을 느낀다는 말이다. 지루해진 내면의 비판자는 파괴적으로 움직인다. 안타깝게도 그의 별난 움직임은 알아차리기 어려울 때가 많다. 내면의 비판자는 저 뒤에 숨은 채 능수능란하게 움직인다.

하지만 이런 속임수에도 불구하고 몇 가지 눈에 띄는 신호가 있다.

첫째, 내면의 비판자는 재앙적 사고에 탁월하다. 예를 들면 이런 식이다.

- **넌 실패할 거야.**
- **직장을 잃게 될걸.**
- **그들이 널 싫어하게 될 텐데.**

처음에 이런 주장들은 합리적으로 들린다. 우리는 머릿속에서 들려오는 목소리가 우릴 보호하기 위한 것이라며 이 주장들을 믿으려 한다.

둘째, 내면의 비판자는 죄책감을 심어주는 데 선수다. 그는 과거에 실패를 낳았던 당신의 행동이나 결정을 꼬집으면서 당신이 무능력하다는 주장을 정당화한다.

셋째, 내면의 비판자는 지나친 일반화와 터무니없이 극단적인 표현을 사용한다.

- 넌 '결코' 성공하지 못할 거야.
- '모두가' 널 바보라고 생각할걸.
- 넌 '늘' 엉뚱한 걸 말하잖아.
- '아무도' 네 생각 따윈 신경 쓰지 않아.

넷째, 내면의 비판자는 성공과 실패 사이에 단단한 선을 긋는다. 성공 아니면 실패라는 식이다. 중간은 없다. 설상가상으로 그는 성공의 기준을 지나치게 높게 잡는다.

- 시험에서 B를 받았다면 실패한 것이다.
- 완벽하지 않은 식사를 준비한 것은 실패나 다름없다.
- 직장에서 발표를 했는데 '모든' 청중이 열렬한 찬사를 보내지 않았다면 명백한 실패다.

다섯째, 내면의 비판자는 미래를 불변하는 결과로 예측한다. 그리고 그가 예측하는 미래는 대개 부정적이다.

- 당신이 데이트를 신청해도 상대방은 응하지 않을 것이다. 절대 그런 일은 없을 것이다. 당신이 지구에 남은 마지막 사람이라도 들어주지 않을 것이다.
- 당신이 클라이언트에게 선보이려는 영업 기획은 그 자리에서 퇴짜를 맞을 것이다.
- 당신이 시작하려는 부업은 비참하게 실패할 것이며, 이로 인해 당신은 친구들 사이에서 웃음거리가 될 것이다.

내면의 비판자는 가장 불쾌하고, 지독하며, 무례한 상대임이 틀림없다. 이제 이 부정적인 자기 대화를 꺼버릴 때다.

내면의 비판자를 잠재우는 다섯 가지 요령

1. 부정적인 생각이 떠오르면 즉시 살펴보기

2005년 미국국립과학재단(National Science Foundation)은 우리가 하루 평균 약 12,000~50,000가지 생각을 떠올린다는 연구 결과를 발표했다. 그리고 그 생각들의 80퍼센트가 부정적인 내용이라고 주장했다. 우리는 하루 동안 부정적인 생각을 이렇게나 많이 떠올린다. 부정적인 생각이 너무 많아서 그것들이 표면 위로 올라오지 못하도록 일종의 맹점을 만들어 교묘히 감춘다.

내면의 비판자가 '말을 꺼낼 때마다' 그 주장을 살펴보자. 그냥 무시해서는 안 된다. 절대 그의 말을 곧이곧대로 받아들이지 마라. 그의 주장이 당신의 정서적 숙련도, 심리적 준비성, 그리고 멘탈력에 파괴적이라는 사실을 인정하라.

2. 증거 요구하기

내면의 비판자가 당신을 실패자라고 비난하고, 재앙을 예측하고, 예정된 업무나 프로젝트에 준비가 미흡할 거라고 계속 속삭인다면 증거를 요구하라. 그는 아마 과거에 당신이 제대로 해내지 못했던 일을 줄줄이 읊어낼 것이다.

하지만 우리는 늘 성장하고 나아지고 있다는 사실을 기억하자. 과거의 실패가 미래의 성공을 제한하지 않는다. 이를 고려한다면 그가 들이미는 증거는 기껏해야 변변치 못한 것이며, 대부분 완전히 잘못된 것임을 알 수 있다.

3. 지나친 일반화에 합리적으로 대응하기

내면의 비판자가 사용하는 터무니없이 극단적인 표현—항상, 절대로, 아무도, 모두—을 떠올려보자. 이런 극단적인 표현에 근거한 주장들은 대부분 과장된 말일 뿐 장점이 거의 없다. 이 주장을 일축할 최고의 방법 중 하나는 합리적으로 응수하는 것이다.

대중 앞에서 능숙하게 말하고 싶은 경우를 생각해 보자. 이때 내면의 비판자는 기세등등하게 나서서 "너는 결코 사람들 앞에서 말할 수 없을 거야"라고 주장할 것이다. 이 주장은 엉터리다. 여기에 당신은 "충분히 연습한다면 분명 나아질 거야"라고 맞설 수 있다. 이는 반박할 수 없는 말이다. 내면의 비판자가 들이민 근거 없는 주장은 즉시 꺾이고 만다.

4. 부정적인 사람들과 멀어지기

우리 모두는 매사에 부정적인 사람을 적어도 한 명쯤 알고 있다. 이들은 회의적이고, 냉소적이며, 자주 의기소침해 있다. 불평하고, 비난하며, 만사에 부정적인 굴레를 씌운다. 그런 사람 곁에 있다 보면 정서적으로 지치게 된다. 나아가 그들의 부정성은 전염성이 높다. 그들과 어느 정도 시간을 함께 보내면 긍정적이었던 나의 마음가짐까지 약해지는 것을 느끼게 된다.

내 시간을 수호하자. 부정적인 사람들이 그 시간을 독점하지 않도록 주의하자. 대신 꾸준히 긍정적인 전망을 유지하는 사람들과 더 많이 어울리자. 이런 사람들은 자신감 있고, 명랑하며, 낙관적이고, 능률적인 경향이 있다. 그들과 어울리면 당신의 정서적·인지적 힘도 강화된다.

5. 상상 속의 친구에게 조언하기

우리는 자기 자신보다 우리가 소중히 여기는 사람들에게 더 친절한 경향이 있다.

자기가 간단한 실수를 저질렀을 때는 속으로 '세상에, 그건 정말 어리석고 바보 같았어'라고 말한다. 하지만 친구나 사랑하는 사람에게는 그렇게 말하지 않는다. 더 지지하고 응원하는 태도를 보인다. 이를테면 "그냥 작은 실수야. 다들 그런 실수를 하잖아. 그런 일로 너무 기운 잃지 마"라고 말할 것이다. 심지어 그 사람의 기분을 나아지게 하려고 최근에 자기가 저지른 비슷한, 혹은 더 큰 실수를 말할지도 모른다.

　또다시 내면의 비판자가 무례하고 부당한 주장을 펼친다면 친구에게 조언한다고 상상해 보자. 그 조언을 자신에게 건네면 된다. 친절하고 공감하는 태도를 보이자. 이렇게 하면 스스로를 용서하고 다부지게 앞으로 나아가기가 더 쉽다.

　너무 지나친 것만 아니라면 내면의 비판자도 유용한 역할을 할 수 있다. 잘못한 것을 바로잡고 개선하는 기회로 삼을 수 있으니 말이다. 문제는 내면의 비판자가 도무지 자제할 줄 모른다는 것이다. 그는 모든 일에서 빈틈을 찾아내 당신의 정서적인 힘과 멘탈력을 서서히 깎아내린다. 이제 내면의 비판자가 꾀하는 음모를 알아차렸으니 이 싸움에서 우위를 차지하게 됐다. 거기다 그의 속임수를 더 쉽게 알아차릴 수 있다. 다음 페이지에서 실전에 옮겨보자.

지난 한 주간 경험했던 부정적인 자기 대화를 적어보자. 사소한 것일 수도 있고 심각한 것일 수도 있다. 살짝 짜증이 나는 정도의 대화일 수도 있고, 심한 독설이 난무한 대화일 수도 있다. 이제 반대편에는 각각의 말에 합리적인 대답을 적어보자.

이 연습을 통해 내면의 비판자가 내놓는 주장들이 가짜라는 사실이 드러난다. 나아가, 그의 주장을 인식할 때마다 직관적으로 의심을 품도록 마음을 훈련할 수 있다.

● 내면의 비판자가 한 말	● 합리적인 대답
– "아무도 널 좋아하지 않아." – "친구 마크가 문자를 무시했네. 너한테 화가 난 거야." – "넌 절대로 살을 빼지 못할 거야."	– "나에게는 소중한 가족/친구가 있어." – "바쁜 업무 시간이니 늦게 회신이 올 수도 있지. 궁금하면 먼저 다시 연락을 해보자." – "오늘은 건강하게 샐러드를 먹었어. 매일 30분씩 걷고 있으니 서서히 변화가 생길 거야."

'긍정적이다'라는 말의
진짜 의미

• • •

태도는 행동에 어마어마한 영향을 끼친다. 태도는 우리가 어려운 상황에 접근하고 이에 대응하는 기본 방향을 형성한다. 역경에 부딪혔을 때 나의 심적 회복력을 크게 좌우하고, 어려움을 극복할지 혹은 굴복할지 결정하는 것도 태도다.

긍정적인 태도를 지니고 있다면 자신감을 가지고 낙관적으로 상황을 평가할 가능성이 크다. 부정적인 태도를 지녔다면 두려운 마음으로 사태를 회의적으로 바라볼 가능성이 크다. 좌절, 난제, 장애물에 대한 행동적 반응은 이런 감정들로부터 생겨난다.

여기서 짚고 넘어가야 할 개념은 '회복력'이다. '멘탈력'과 '회복력'은 같은 뜻으로 사용될 때가 많다. 많은 사람이 이 단어들을 같은 뜻으로 이야기한다. 하지만 이 두 가지 특성은 엄연히 서로 다르며 미묘하긴 해도 중요한 차이가 있다. 마음을 재구성하고 역경에 대한 본능적인 반응을 조절하고자 노력하는 과정에서는 멘탈력과 회복력의 차이점을 반드시 이해해야 한다.

멘탈력과 회복력은 어떻게 다른가

°

두 특성의 차이는 미묘하다. 둘을 무심코 뭉뚱그린다 해도 쉽게 용서될 정도다. 그렇다 해도 멘탈력과 회복력을 같은 뜻으로 사용하는 것이 잘못된 이유는 알아야 한다. 두 단어를 두루뭉술하게 혼용하면 둘 사이의 차이점이 모호해지므로 그 차이점에 주목해 보겠다.

회복력이란 예기치 못한 어려움으로부터 되살아나는 능력이다. 이를테면 적응력이라고 할 수 있다. 직장에 가려고 평소와 같은 시간에 집을 나섰다고 해보자. 그런데 불행히도 고속도로에서 예상하지 못한 교통 체증을 만났다. 이렇게 차질이 생기면 아침 회의에 늦을 것이 뻔하다. 더구나 이 회의가 회사의 임원들에게 내년 사업 계획을 발표하는 중요한 자리라면 당신이 느낀 초조함과 좌절감은 어마어마할 것이다.

회복력이 있는 사람은 이를 꽉 물고 숨죽여 욕을 하긴 해도 결국에는 상황에 적응한다. 휴대전화의 지도 기능을 활용해 회사로 가는 다른 길을 찾을지도 모른다. 사무실에 전화해 발표를 대신할 사람을 찾을 수도 있다. 또는 근처 대리운전 회사에 전화해 차를 회사까지 가져다줄 것을 부탁하고 대중교통을 이용해 회사에 가는 방법을 떠올릴 수 있다.

멘탈력은 사고방식이다. 예기치 못한 어려움에서 되살아나는 능력을 보여줄 뿐만 아니라 그런 경험 속에서도 긍정적으로 생각하고 행동한다. 단순히 스트레스 상황에 대처하는 능력을 말하는 것이 아니다. 멘탈력은 그런 상황에 '어떻게' 대처하는지도 반영한다.

예를 들어 발표를 대신할 사람을 찾아 일을 잘 해결한 뒤라면 멘탈력이 있는 사람은 뜻밖에 생긴 시간을 기회로 생각해 궁금했던 오디오북을 듣거나 그동안 너무 바빠서 연락할 틈이 없었던 거래처에 전화를 건다. 더 나아가 그는 '기회'가 생겼다는 점에서 지금 상황을 반길지도 모른다.

회복력이 있는 사람들은 뜻밖의 좌절에 어쩔 수 없이 울며 겨자 먹기식으로 적응하지만, 멘탈력을 갖춘 사람들은 좌절을 경험할 때도 열린 태도를 유지한다. 그런 상황이야 당연히 피하고 싶지만, 크고 작은 좌절은 불가피한 일이므로 불같이 화를 내기보다는 결국 넘어야 할 도전이며 새로운 가능성이 펼쳐질 기회로 받아들인다.

이러한 사고방식의 차이를 반드시 이해해야 한다. 심적 회복력은 역경에 대처하는 데 유용한 도구다. 이를 통해 인지적으로 단단한 자세를 길러 어려운 상황에서도 앞으로 밀고 나아갈 수 있다. 멘탈력은 한발 더 나아가 어려움을 기회로 인식하게 하는 힘이다.

재앙적 사고가 멘탈을 망가뜨리는 방식

°

'긍정적으로 생각하라'라는 말은 때론 너무나 추상적으로 느껴지기도 한다. 무엇이 긍정적인가? 그렇다면 반대로 이렇게 생각하면 어떨까.

"모든 문제가 재앙으로 끝날 것이라는 생각을 버려라."

습관적으로 재앙적 사고에 빠지는 것은 어렵지 않다. 마음의 준비가 미흡한 상태에서 어떤 문제에 부딪히게 되면 우리 마음은 서서히 모든 장애물이 실제보다 더 심각하다고 인식하게 된다. 문제의 파급력이나 심각성과 관계없이 모든 좌절을 실질적인 위기로 인식하기 시작한다.

한번은 친구와 여행을 갔다가 눈앞에서 비행기를 놓친 적이 있다. 다음 비행기를 타려면 공항에서 7시간을 기다려야 했다. 도착지 공항에서 숙소까지 데려다줄 택시도 예약이 되어 있었고, 그날의 일정이 모두 정해져 있었는데 하루가 통으로 사라져버린 상황이었다.

나는 몹시 당황했고 크게 낙심했다. 미리 예약한 택시는 나와 어긋난 것을 모르고 마냥 기다리다 가버릴 것이다. 숙소까지 갈 방법을 몰라 헤매다가 길에서 시간을 더 버리게 될지도 모른다. 내 상상력은 날개를 달고 멀리 날아가서 남은 여행을 모두 망쳐버리는 결론에 도달했다. 나는 그때 재앙적 사고에 빠져 있었다.

멘탈력을 기르려면 이런 경향에 빠지지 않도록 마음을 다잡아야 한다. 최악의 시나리오가 마음속에 떠오를 때면 즉시 이를 '밀어내야' 한다. 그렇지 않으면 재앙적 사고의 꾐에 넘어가 비현실적인 상상의 결과에 매몰되고 만다. 이런 마음 상태는 좌절에서 회복하는 능력, 의욕적이고 자신감 있는 행동과 긍정적인 전망으로 상황에 적응하는 능력과 결코 양립할 수 없다.

내 여행은 결국 완전히 망했을까? 그렇지 않다. 비록 계획과는 조금 틀어졌을지 모르겠지만 남은 여행은 충분히 즐거웠다. 내가 멘탈이 더 강한 사람이었다면 어쩔 수 없이 공항에서 보내야 했던 7시간도 더 기억에 남을 만한 시간으로 만들었을 것이다. 이제와 아쉬운 것은 그것뿐이다.

최근에 당신의 마음을 괴롭힌 최악의 시나리오 하나를 구체적으로 적어보라. 그런 뒤 빨간 펜으로 사실과 다른 부분, 과장된 부분, 결국 일어나지 않은 부분들을 표시해 보자.

활동을 마치고 나면 나의 재앙적 사고 수준은 어느 정도인지, 그게 얼마나 말도 안 되게 웃기는 이야기인지 알게 될 것이다.

상황을 극복하는 사람 vs. 상황이 바뀌길 기대하는 사람

○

'긍정적인 사람'이라는 말을 들었을 때 얼른 떠오르는 전형적인 유형이 있다. 모든 일이 잘 풀릴 거라는 기대 속에 하루하루 사는 사람이다. 그런데 이 사람은 자기가 처한 상황을 제대로 인식하지 못하는 듯하다. 이들은 삶의 어려움을 무시하면서, 가만히 기다리면 저절로 문제가 사라질 거라고 자신한다. 불행한 일들이 저절로 해결되리라 믿기에 정서적 고통도 없다.

요컨대, 전형적인 유형의 긍정적인 사람들은 상황이 자기에게 맞게 변할 거라고 가정한다. 인생을 하나의 여정이라고 할 때, 이들은 자기가 주변 일들에 거의 영향을 주지 못하는 나그네에 불과하다고 생각한다.

하지만 이는 잘못된 생각이다.

긍정적인 태도를 유지하는 것은 근거 없는 낙관주의를 품는 것이 아니다. 저절로 일이 잘 해결될 거라며 맹목적인 신념을 갖는 것도 아니다. 나의 재능, 능력, 적응력을 통해 불행과 어려움을 극복함으로써 내가 처한 상황에 긍정적인 영향력을 끼칠 수 있다고 인정하는 것이다. 즉 여기에는 우리의 의지를 담은 '능동성'이 필수적이다.

긍정적인 태도는 복잡한 일을 만났을 때 우리의 감정을 좌우하며, 그 상황에서 우리의 반응 양식을 주관한다. 이 같은 마음가짐은 당당하게 나 자신으로서 행동하게 한다. 그저 최선을 바라며 수동적인 태도를 유지하는 것이 아니라 의욕적으로 행동에 나서게 한다.

자기 연민을 버리는 가장 쉬운 방법

。

많은 사람이 자기 연민에 사로잡힌다. 삶이 불공평하다고, 이런저런 상황 때문에 목표를 이룰 수 없다고 투덜댄다. 왜 나에게만 이런 일이 벌어지는지 모르겠다며 억울해한다. 자신의 불행에만 골몰하며 재능과 능력을 인정하지 않고 피해 의식에 빠진다. 이런 마음가짐은 끝없는 좌절로 이어지며 심지어 우울증을 초래하기도 한다. 당연한 사실이지만 버릇처럼 자신을 딱하게 여기는 사람들은 난제를 만났을 때 포기하는 경우가 많다.

자기 연민은 선택이라는 사실을 깨달아야 한다. 이는 불가항력으로 우리를 덮치는 것이 아니라 우리가 자발적으로 취하는 태도다. 한번 받아들인 부정적인 태도는 어느새 우리 마음에 자리를 잡고, 실패할 때마다 본능적으로 상황을 탓하도록 부추긴다.

이런 마음가짐은 강인한 멘탈과 정반대 지점에 있다.

연민을 버리는 가장 간단한 방법은 바로 감사를 표하는 것이다. 우리는 감사를 표함으로써 실패, 불행, 고난을 견디는 데 유익한 내부·외부 자원을 가졌다는 사실을 강조한다. 그리고 자신의 재능과 능력에 감사하는 목소리를 통해 자신감을 높이고, 한 걸음 더 성장하겠다는 열린 자세를 유지할 수 있다.

또다시 자기 연민이 싹트기 시작한다고 느껴지면 이렇게 생각해
보자.

- 나의 정서적 상태가 현실에 맞는지 자문한다.

  자기 연민은 합리적일까? 나의 잠재력을 간과하고 있는 것은 아닐까?
- 다른 사람에게 불평하고 싶은 충동을 억누른다. 불평은 자기 감정을 인
  정받고픈 해로운 경향을 강화할 뿐이다.
- 내 삶의 좋은 부분을 돌아본다.
- 친구나 가족에게 사랑하고 감사하다는 뜻을 전한다. 그 사람의 하루가
  행복해지며 내 기분도 좋아진다! 서로가 기분 좋은 일이다.

이 간단한 활동만으로도 자기 연민을 금세 떨쳐낼 수 있다. 어려
운 상황이 불러일으킨 심리적·정서적 압박을 누그러뜨리고, 이를
극복하기 위한 능동적인 행동에 나서게 될 것이다.

오늘 감사한 일을 다섯 가지 적어보자. 무엇이든 좋다. 사소해도 괜찮다. 내가 하는 일, 사랑하는 사람과의 관계, 저녁 때 먹으려고 냉장고에 넣어둔 맛있는 간식 등이 그 예다.

자신감

타인의 인정은
중요하지 않다

• • •

자신감은 강한 멘탈, 결단력, 압박을 이겨내는 회복력에 큰 영향을 미친다. 먼저 살펴볼 것은 자신감의 출처다. 자신감은 어디서 오는가? 무엇이 자신감을 키워주는가? 자신감을 손상시키는 것은 무엇인가? 답을 들으면 깜짝 놀랄 수도 있다.

다음으로 나의 자신감 수준을 주기적으로 정확하게 점검하고 재조정해야 하는 이유와 자신감을 구성하는 요소를 살펴본다. 불확실하고 불리한 상황에 닥치더라도 이를 나의 능력으로 얼마든지 극복할 수 있다고 믿는다면 멘탈이 흔들릴 일이 없다. 나 자신을 믿는 것만큼 든든한 것이 있을까? 모든 일에 대담하고 의연하게 대처하게 될 것이다.

자신감은 어디에서 오는가

。

자신감은 내가 어렵고 불편한 상황을 넘어설 수 있다는 기대다. 자기 신뢰의 일부는 내가 보유한 능력에서 나오며, 이 능력은 나의 지식 기반, 재능, 숙련 영역으로 이루어져 있다. 즉 자신감은 내가 주어진 상황에 제대로 준비되어 있다고 생각될 때 느끼게 된다.

친구에게 대접하려고 저녁 식사를 만들고 있다고 해보자. 요리사로서 수년간 능력을 갈고닦은 사람이라면 차분하고 침착하게 식사를 준비할 것이다. 하지만 주방에 처음 들어가 본 사람이라면 긴장하고 당황할 수 있다.

자신감의 또 다른 출처는 적응력이다. 재능과 전문성만으로는 부족하다. 필요할 때마다 적절하게 자신을 조정할 줄도 알아야 한다. 친구를 위해 식사를 준비하다가 중요한 재료가 없다는 사실을 알았다고 해보자. 노련한 요리사라면 적당한 대체 재료를 써서 뜻밖의 상황에 적응할 것이다. 적응력을 갖추면 예상치 못한 문제를 바로잡고 곤경을 해결하는 자신에 대한 믿음이 강화된다.

타인의 인정이 우리 자신감에 많은 영향을 미치는 것을 부정할 수는 없다. "기대했던 것보다 솜씨가 좋다"라는 칭찬에 마음이 꿈쩍도 하지 않을 수 있을까? 하지만 타인의 평가가 전부가 되어서는 안 된다. 타인에 의해 자신감이 커졌다 작아졌다 한다면 멘탈은 함께 흔들릴 것이다. 평가에 상관없이 스스로 더 나아진 부분을 찾을 수 있다. 그렇게 했을 때 현실적이고 탄탄한 자신감이 생긴다.

당신이 현재 가진 기술과 지식 기반을 활용해 오늘 한 일을 적어보자. 보고서 작성하기, 학교에서 시험 치르기, 고장 난 가정용품 고치기 등이 그 예다. 이를 통해 내가 노하우, 전문성, 적응력 등 생산적인 자원을 보유했다는 사실을 되새길 수 있다.

능력에 맞게 자신감 조정하기

。

때때로 우리는 자신의 능력, 지식, 변화하는 상황에 적응하겠다는 다짐과 어긋나는 부적절한 자신감을 보인다. 이때 중요한 것은 자신을 돌아보고 자신감의 정도를 현실적으로 조정하는 것이다.

지나친 자신감에 빠지면 무리하게 위험을 감수하고, 타인의 의견을 무시하며, 자신의 약점을 가볍게 지나치게 된다. 거만함은 잠깐 동안은 자신을 든든히 받쳐줄지 모르지만 장기적으로는 자기 경로를 벗어나게 만든다. 이런 마음가짐으로 갖가지 좌절과 난제를 마주한다면 아무리 용기백배한 사람이라도 뜻밖의 위험에 놓일 수 있다.

반대로 자신감이 부족한 경우에는 위험을 회피하고, 타인의 의견에 휘둘리며, 자신의 약점을 확실한 패배의 전조로 인식하게 된다. 그래서 크고 작은 좌절과 난제에 제대로 대처하지 못하고 우물쭈물 망설인다. 근거 없는 자기 의심은 패배가 두려워 역경에 전혀 반응하지 못하게 한다.

비현실적인 자신감이든 근거 없는 자기 의심이든 강한 멘탈과 결단력을 가지는 데는 도움이 되지 않는다. 정확하지 않은 자신감이 초래하는 잠재적 위험을 고려할 때, 주기적으로 자신을 돌아보는 것이 매우 중요하다. 다음의 질문을 자신에게 던져보자.

• 나의 자신감은 내가 처한 상황에 비추어볼 때 합당한 수준인가?

- 비판에 어떻게 반응하는가?

- 난제를 만나면 즉시 물러서는 경향이 있는가?

- 다른 이들에게 내 생각을 적극적으로 나누려 하는가 아니면 꺼리는가?

- 좌절에 부딪혔을 때 본능적으로 두려움과 초조함에 빠지는가? 아니면 자신을 든든히 믿는가? 그 이유는 무엇인가?

이 질문들은 자신감 정도를 조정해야 할지 빠르게 확인하는 데 유용하다. 이 과정에서 관심을 기울여야 할 삶의 영역이 드러날 수도 있다. 이를테면 다른 사람의 비판에 건강하고 합리적인 방식으로 반응하는 요령을 익혀야 할지도 모른다.

자신감을 높이고 싶다면

자신감을 향상시키는 법에 관해 이야기하자면 책 한 권도 모자를 것이다. 여기에서는 최소한의 노력으로 자신감을 높이고 싶을 때 염두에 두어야 할 요소들만 언급하겠다. 이 요소들을 받아들여 일상에 적용한다면, 자기 신뢰에 매우 긍정적인 영향이 나타날 것이다.

1. 안전지대를 벗어나겠다는 의지

안전지대를 벗어나면 낯선 상황에 노출된다. 이렇게 한다는 것은 비록 낯선 상황이어도 그것이 크게 두렵지 않다는 뜻이다. 이런 태도는 개인적으로나 직업적으로 성장할 기회를 제공한다. 평소 하던 대로 익숙한 상황을 통제하려는 욕구를 억누르고 낯선 상황에 적응하면서 새로운 것을 배울 기회가 생기기 때문이다.

2. 불편한 감정도 경험하겠다는 열린 자세

자신감을 가지려면 자기 감정을 인식할 뿐만 아니라 이에 대한 내성도 길러야 한다. 즉 부정적인 감정을 유발하는 불편한 상황에 자신을 노출시키는 것을 두려워해서는 안 된다.

많은 사람이 정서적 고통을 억누르곤 한다. 하지만 고통을 경험하는 데 열린 자세를 가져야 저항력이 생기고, 부정적인 감정 때문에 얼어붙는 일이 사라진다.

3. 주기적인 자기 평가

자신감 정도를 주어진 현실에 맞게 재조정하려면 자신을 평가해야 한다고 말했다. 이 평가는 한 번으로 끝내는 것이 아니라 주기적으로 반복되어야 한다. 그리고 그 범위를 넓혀보는 것도 좋다.

- 새로 익힌 기술들.
- 내가 처했던 특이한 상황들과 이에 대한 자신의 대처 방법.
- 최근에 알게 된 사람들 또는 낯선 사람들과 나눴던 대화.
- 익숙지 않은 일을 수행한 경험.

우리는 다양한 방식으로 끊임없이 성장한다. 문제는 그런 성장을 알아채기가 너무 힘들어서 대개는 이를 정확히 인식하지 못한다는 것이다. 주기적으로 차분히 앉아서 자신의 성장 정도를 되돌아봐야 한다.

4. 긍정적인 태도

긍정적인 태도를 유지하면 내면의 부정적인 대화가 줄어든다. 나의 강점을 강조하고 내가 이룬 성공을 축하하는 한편, 나의 약점과 실수는 배우고 성장할 기회로 인식한다.

안타깝게도 살면서 갖가지 좌절과 실망을 경험한 탓에 자신을 회의적으로 바라보는 사람이 많다. 이런 태도는 자신감을 떨어뜨릴 뿐만 아니라 성장 가능성도 가로막는다. 좋은 소식은, 낙관적인 태도와 긍정적인 사고방식을 수용하도록 자신의 마음을 재조정할 수 있다는 것이다. 이를 통해 자신의 능력을 본능적으로 인정하도록 훈련할 수 있다.

5. 인정받으려는 욕구 내려놓기

타인의 인정을 추구하다 보면 자신감에 상처를 입고 자신의 동기와 능력을 불신하도록 마음이 길들여진다. 자신을 믿지 않고, 타인의 허락을 받기 전까지 행동을 자제하는 법을 배우게 된다. 이런 상태로 지내면 점차 경계심이 생기고, 자신의 수행력에 관한 불안감이 싹튼다.

당신이 고유한 가치를 지니고 있다는 사실을 인정하라. 당신의 지식, 기술, 재능, 적응력은 외부의 인정이 전혀 필요치 않다. 현실적으로 합당한 자신감을 가졌다면, 불확실한 상황에 부딪혔을 때 스스로를 믿고 당당하게 행동해도 좋다.

자신감은 멘탈력의 핵심 요소 중 하나다. 자신감을 갖추지 않고서는 멘탈력을 기르기 어렵다. 다행히 자신에 대한 관점은 비교적 쉽게 바꿀 수 있다. 이미 내가 지니고 있는 가치를 인정하면 되는 일이니 말이다. 자기 인식을 조정하는 것은 내면의 비판자가 던지는 비난 속에 생겨난 고약한 유령을 쫓아내고 현실에 든든히 뿌리를 내리는 건강한 일이다.

주기적으로 나의 자신감에 상처를 주는 것들을 정리해 보자. 사람들은 저마다 다르므로 당신의 목록도
고유한 내용을 담고 있을 것이다. 그리고 각 항목이 자신감에 미치는 영향을 줄일 수 있도록 내가 할 만
한 일들을 적어보자. 구체적으로 적어야 한다.

바꿀 수 있는 일이라면 지금부터 바꾸려고 애써야 한다. 더 이상 자신감을 갉아먹게 두지 않도록 대응법
을 실천하자. 이 활동에서는 반복과 일관성이 든든한 힘이 될 것이다.

● 자신감에 상처를 주는 것들	● 내가 할 수 있는 일
− 단점만 지적하는 팀장.	− 팀장의 비판 중에서 근거가 있는 합리적인 것과 개인적인 감정이 섞인 것은 아닌지 구분한다. 합리적인 비판이라면 어떻게 개선할 수 있을지 생각해본다.

꾸준히 성장을 추구하기

°

자신감은 기존 기술을 향상시키고, 새로운 정보와 기술을 습득하며, 새로운 상황과 마주쳤을 때 강화된다. 자신의 능력과 전문 기술이 과거와 비교해서 더 나아졌음을 확인했을 때 자기 확신도 탄탄해진다.

즉 가장 중요한 것은 성장을 추구하는 것이다. 내가 에너지를 쏟는 모든 영역에서 성장하기 위해 애쓰는 것은 물론이고, 자신이 없고 열심히 노력하지 않는 분야에서도 그래야 한다. 낯선 상황에 노출될 때 기술과 지식 기반을 확장할 수 있기 때문이다.

멘탈력을 지닌 사람들은 자기 능력이 고정불변하다고 생각하지 않는다. 오히려 새로운 능력을 익힐 수 있다고 믿으며, 그런 능력은 삶이 힘들 때 인내하는 가운데 생기기도 한다고 생각한다. 이런 사람들은 포기하는 일이 거의 없다. 그들에게 약점이란 개선의 여지가 있는 영역이며, 좌절은 실수로부터 교훈을 얻을 기회다.

정리해 보자. 성장 중심의 사고방식은 인지적 회복력을 갖추고 긍정적 태도를 기르는 데 필수적이다. 끊임없이 자신을 개선함으로써 과거에 불가능했던 것을 성취할 수 있다는 신념을 가져야 멘탈력이 강해질 수 있다. 탄탄한 자신감을 가진 사람은 역경을 만났을 때 자신의 길을 지키겠다는 의지가 쉽게 꺾이지 않는다.

최근 한 달간 새롭게 익힌 것을 다섯 가지 적어보자. 이를테면 새로운 단어나 동영상 편집 기술도 좋고, 아침에 받은 업계 리포트를 통해 얻은 정보도 좋다. 이 연습은 당신이 다양한 측면에서 항상 성장하고 향상하고 있다는 사실을 되새겨준다.

2

*

믿지 마라,
의지는 원래 약하다

대부분의 자기계발서에서는 인간의 의지력이 얼마나 위대한지를 강조한다. 누구나 삶을 변화시킬 힘을 가지고 있다면서 큰 목소리로 당신을 동기부여시키기 위해 애쓴다. 그러나 이 말은 절반은 맞고 절반은 틀렸다. 누구나 삶을 변화시킬 수 있지만 의지력만으로는 부족하다. 우리에게 필요한 것은 습관이다.

만족 지연

충동에 끌려다니면
생기는 일

● ● ●

'성공'은 모호한 단어다. 각 개인이 생각하는 성공이 저마다 다르기 때문이다. 어떤 사람들에게는 높은 연봉을 받는 것이 성공이다. 어떤 사람들은 변함없이 너그럽고 점잖으며 겸손한 삶을 사는 것을 성공이라 여긴다. 건강한 대인 관계를 유지하는 것을 성공으로 보는 이들도 있다. 논의를 위해 여기서 성공이란 자신의 목표를 성취하는 것이라고 정의해두자.

그리고 결론부터 말한다면 습관적으로 만족 지연을 실천하면 성공할 기회가 훨씬 늘어난다. 만족을 지연한다는 것은 무슨 뜻일까? 미래에 갈망하는 것을 위해 현재 원하는 것을 누리지 않고 참기로 결심하는 것을 말한다. 다른 표현으로는 인내, 자기 절제, 자기 통제 등이 있다.

2킬로그램을 감량하기로 목표를 세웠다고 해보자. 피자 가게 옆을 지나가다 보니 한 조각 사 먹고 싶은 마음이 간절하다. 피자를 너무 좋아해서 혀끝에 맛이 느껴질 것만 같다. 결정을 내려야 한다. 지금 일어나는 욕구를 채울 수도 있다. 하지만 그 유혹을 참아내고 목표(2킬로그램 감량)를 위해 피자를 멀리하기로 '결심'할 수도 있다.

이 결심의 주체가 나라는 점에 주목하자. 내가 통제할 수 있는 것이다. 즉 자기 절제력을 발휘하는 것은 충분히 배우고 연마할 수 있는 기술이다. 충동을 얼마나 잘 조절해서 목표에 집중할 수 있느냐는 강인한 멘탈을 기르는 데 매우 중요하다.

충동을 통제해서 장기적인 목표 달성하기
。

인내심은 고난을 감내하고 불행에 뒤따르는 정서적·심리적 압박을 견디게 한다. 상황이 불리해도 근성을 가지고 굳건한 자세로 목표를 향해 달려가는 것이 가능해진다.

자기 절제를 연습할 때 우리는 불편을 감수하는 법을 배운다. 더 높은 목표를 이루기 위해 지금의 불쾌감은 참아내는 것이 바로 그것이다. 이 과정을 통해 굳이 지금 당장 현재의 갈망을 충족할 필요가 없다는 점을 마음에 새기게 된다. 갈망을 채우려는 충동은 얼마든지 저지할 수 있다.

꾸준히 만족을 지연하다 보면 불편에 대한 내성이 자라난다. 점점 그 상황에 익숙해진다. 이러한 내성은 단기적인 욕구에 굴복하지 않고 버텨내도록 도와준다.

직장 일을 하면서 온라인 수업을 듣고 있다고 생각해 보자. 길고 고된 하루 일을 겨우 마치고 퇴근해 집에 돌아왔다. 불행하게도 내일까지 제출해야 할 과제가 세 개나 된다. 버릇처럼 눈앞의 갈망을 만족시키는 사람이라면 소파에 늘어져 좋아하는 넷플릭스 드라마를 몰아볼 수도 있다. 하지만 현재의 불편함을 감수하도록 마음을 훈련했다면 유혹을 참고 과제를 마무리하기가 훨씬 수월하다.

만족 지연은 주의를 흩뜨리는 것들을 무시하는 능력도 키워준다. 최근에 뭔가 중요한 일을 해야 했던 경우를 떠올려보라. 직장에서 보고서를 완료해야 했을 수도 있다. 해도 해도 끝나지 않는 자질구레한 집안일을 끝마쳐야 했을지도 모른다. 어떤 경우였든 분명 더 마음이 기울었던 다른 활동이 있었을 것이다. 갑자기 중요하게 느껴지는 책상 정리나 쓸데없는 인터넷 서핑 같은 것 말이다. 그 일들에 빠지고 싶은 유혹이 주의를 앗아간다. 유혹은 당신의 초점을 흔들고 위협한다. 자기 통제를 꾸준히 연습하면 이런 유혹을 이기고 원래의 의도를 굳건히 지키는 능력이 자라난다. 이는 예기치 않은 장애물을 만날 때마다 꼭 발휘해야 할 중요한 기술이다.

현재의 즐거움을 탐닉하고픈 충동을 통제하는 것은 노력과 보상의 관계에도 영향을 미친다. 즉각적인 만족에 반복적으로 빠지면 우리는 자꾸 마음속으로 적은 노력과 큰 보상을 연결한다. 이것이 우리의 기대를 규정한다. 장기적인 목표를 이루고자 불편을 감내하기보다는 단기적인 욕구에 항복하려는 경향이 커지는 것이다.

쉽고 편리하며 맛있다는 이유로 몸에 해로운 패스트푸드를 버릇처럼 선택하면 어떨까. 노력은 적고 보상은 크다. 하지만 안타깝게도 이런 습관은 체중을 감량하고, 근육량을 키우고, 심혈관 건강을 개선시키고 싶다는 목표를 심각하게 훼손한다.

반복적으로 만족을 지연하면 마음속에서 자기 절제, 노력, 그리고 보상을 서로 연결 짓게 된다. 원하는 것을 얻으려면 반드시 노력을 들여야 하고, 그 과정에서 자신의 충동을 통제해야 한다는 것을 직관적으로 깨닫는다. 피자, 밀크셰이크, 기름진 버거의 유혹에 저항할 수밖에 없고, 저항해야 한다고 느낄 것이다. 대신 집에서 더 건강한 요리를 해 먹게 된다.

충동을 통제하기란 쉬운 일이 아니다. 대부분의 사람들이 평생 충동에 이끌려 살아간다. 따라서 어느 날 갑자기 자기 절제를 실천하려면 수없이 실패하고 넘어져 좌절을 느낄 수도 있다.

다음은 만족 지연을 습관화하는 과정에서 내게 유용했던 다섯 가지 요령이다.

만족 지연을 위한 다섯 가지 손쉬운 요령

。

미리 일러둘 것이 있다. 이 중 몇 가지는 당신에게 맞지 않을 수도 있다. 내게는 매우 유용했지만 사람들은 저마다 다르기 때문이다. 우선은 이 요령들을 직접 시도해 보고 자신에게 유용한지 판단하라고 권하고 싶다. 유용한 것을 한두 개만 얻더라도 당신과 나 모두에게 큰 수확일 것이다.

1. 가치관을 명확히 밝히기

내게 진정 중요한 것이 무엇인지를 깨닫는다면 성취하고자 하는 목표를 중심으로 우선순위를 정하는 일이 더 수월해진다. 의사 결정 과정이 간단해지고, 단기적인 욕구를 충족하는 덧없는 쾌감과 장기적인 목표의 중요성을 나란히 놓고 비교할 수 있다.

2. 목표를 이루려는 이유 깨닫기

나를 행동으로 이끄는 강력한 이유가 있어야 한다. 당신의 목표를 하나하나 떠올리며 이를 성취하려는 동기를 자유롭게 생각해 보자.

업무와 관련된 자격증을 따기로 마음먹었다고 해보자. 자격증을 취득해 내년 승진 심사에서 더 좋은 점수를 받아 승진 확률을 높이려는 것이 목표를 세운 '이유'다. 이런 동기는 공부를 외면하고 친구를 만나 놀고 싶은 유혹을 이겨내도록 도와준다. '자격증을 따자'는 목표만 생각하는 것으로는 할 수 없는 일이다.

3. 행동 계획 만들기

분명히 알게 된 자신의 가치관과 동기를 활용해 만족 지연 과정에서 당신을 도와줄 계획을 세워보자.

돈을 버는 족족 당장 필요하지 않은 옷이나 새 휴대전화를 사는 데 써버리는 경향이 있다고 해보자. 이 경우 무언가를 구매할 때마다 그와 같은 금액을 통장에 입금하겠다는 계획을 세울 수 있다.

4. 충동적 욕구를 대신할 대안 찾기

의욕만으로는 이길 수 없는 유독 저항하기 어려운 유혹들이 있다. 그런 경우에는 이를 보상할 대안을 마련하되 최대한 생산적인 가치를 지닌 것을 찾아보자.

도저히 피자는 못 참겠다는 경우를 생각해 보자. 이에 대한 생산적인 대안은 건강한 피자를 직접 만들어 먹는 것이다. 짜고 기름진 햄과 고기 대신 싱싱한 야채와 두부, 닭가슴살을 가지고 피자를 만들어 먹는다. 피자를 먹는 것과 똑같은 만족감을 주지는 않겠지만, 비슷한 맛으로 욕구를 달랠 수 있으므로 훌륭한 대안이 된다.

5. 유혹을 이겨낸 자신에게 보상하기

당신의 목표는 즐거운 일을 모조리 멀리하는 것이 아니다. 그렇게 하면 삶이 우울해질 것이다. 그보다는 만족을 지연하는 습관을 기르는 것을 목표로 삼자.

어떤 것이든 좋은 습관을 기르는 가장 효과적인 방법은 작은 단계를 설정해서 각 단계를 성공적으로 완수할 때마다 작은 보상을 주는 것이다. 이 보상은 당신의 뇌를 길들여 보상받는 행동을 반복하게 만든다.

자격증 공부를 하기로 마음먹었더라도 처음부터 3시간씩 공부하는 계획을 세워서 자신을 밀어붙이지 말자. 휴대전화를 멀리하고 딱 1시간만 공부한 뒤 편히 쉬기로 하자. 공부를 마친 뒤 이에 대한 보상으로 짧은 유튜브 클립을 하나 본다면 공부해야 한다는 계획을 외면하고 무작정 놀 때보다 더 만족감과 성취감을 느낄 수 있을 것이다. 그다음 주에는 30분씩 시간을 늘려나가는 식으로 천천히 적응하면서 자기 자신에게 보상을 주어라.

나는 위의 요령을 활용해 만족 지연을 훈련함으로써 주의력을 빼앗기지 않고 목표를 추구할 수 있었다. 실제로 내가 좌절과 장애물을 마주할 때마다 결심을 다잡는 데도 상당한 도움이 되었다. 당신도 한번 시도해 보라.

여기에서는 장기적 목표를 성취하기 위해 만족을 지연함으로써 본능적으로 느껴지는 좋은 기분을 확인하려고 한다. 아래 질문에 답하다 보면 충동을 통제하면 더 가치 있는 결과를 얻을 수 있음을 눈으로 확인할 수 있을 것이다.

Q. 유혹에 넘어가 목표를 이루지 못한 경우가 있는가? 당시 상황을 적어보라.

A.

Q. 그때 나의 느낌은 어땠는가?

A.

Q. 만족 지연을 실천한 경우를 적어보자. 사소한 것이라도 좋다.

A.

Q. 그때 나의 느낌은 어땠는가?

A.

의지력과 동기부여

당신의 의지는
약할 수밖에 없다

• • •

몇 가지 정의부터 살펴보고 시작하자. 의지력(willpower)은 목표를 이루기 위해 만족을 지연시키는 능력이다. 매일 새벽 5시에 일어나 출근 전 독서와 명상을 하기로 결심했다고 해보자. 너무 졸려서 오늘만은 건너뛰고 싶다는 충동을 억누르는 것을 의지력의 표현으로 볼 수 있다. 이런 자제력을 보여주는 것이 의지력이다.

동기부여(motivation)는 정의를 내리기가 까다롭다. 간단히 말해, 동기부여는 변화를 일으키려는 충동이다. 이 변화는 목표를 성취하는 형태로 나타나기도 한다(예: 새벽 5시에 일어나 삶을 변화시키기). 상황을 개선하고(예: 스트레스에서 벗어나고자 할 일 목록 정리하고 하나씩 완수하는 경우), 특정 문제(예: 동물에 대한 대우)에 관한 인식을 높이고, 우리에게 중요한 사안(예: 기후 변화)에 관한 운동을 추진하는 것도 이에 포함된다. 동기부여는 참여, 행동, 본능이 결합된 것이다. 심리학자들은 인간이 본능적으로 동기부여를 추구한다고 설명한다.

위에서 말했듯이 동기부여는 의지력보다 정의하기가 더 어렵다. 여기서는 '상황을 개선하도록 자신을 자극하는 것'으로 동기부여의 맥락을 제한해두려 한다.

그렇다면 의지력과 동기부여가 멘탈력을 기르는 데 얼마나 중요할까? 각각의 역할은 무엇일까? 이 질문들에 답하려면 의지력과 동기부여의 작동 방식부터 이해해야 한다.

의지력이 작동하는 방식

어려운 결정은 저녁보다 아침에 내리기가 더 쉽다는 것을 알아차린 적이 있는가? 아침에 자리에서 일어나 조깅과 텔레비전 시청 중 하나를 선택해야 한다고 해보자. 이때는 어려운 쪽을 택해 운동화를 신으러 가는 것이 비교적 쉽다. 자, 이번에는 스트레스를 받으며 종일 힘들게 일하고 귀가했을 때를 생각해 보자. 조깅과 텔레비전 시청 중 하나를 택해야 한다. 이 경우에는 만족을 지연시키기가 더 어렵다. 당신이 나와 비슷하다면 아마도 텔레비전 시청을 택할 것이다.

이것이 의지력의 작동 방식이다. 의지력은 탱크 안에 든 연료와 같아서 하루를 보내는 동안 서서히 닳아 없어진다. 하루의 끝 무렵에는 탱크가 고갈된 탓에 어려운 쪽을 택하겠다는 결심이 무뎌진다.

몇 해 전, 미국국립과학원회보(Proceedings of the National Academy of Sciences)에 가석방 전담 판사의 판결에 외부 요인이 어떤 영향을 미치는지 조사한 연구 결과가 게재되었다. 연구자들은 1천여 건의 판결 사례를 살펴보던 중 흥미로운 경향을 발견했다. 판결 시간이 하루 중 오후로 갈수록 가석방 요구가 거부될 가능성이 높았다. 분명 오전이었다면 가석방 요청이 받아들여질 수 있는 경우라도 늦은 시간이 되면 기각되는 경우가 더 많아졌다. 즉 판결을 내리기 어려워하는 것이 분명했다. 흥미로운 사실이 하나 더 있다. 판사들은 점심 식사 직후 짧은 시간 동안에는 가석방을 허락할 가능성이 더 컸다.

이 현상은 정신적 피로감의 한 형태인 '결정 피로'로 설명할 수 있다. 내려야 할 결정이 많을수록 다음 결정에 사용해야 할 의지력이 줄어든다. 그리고 의지력이 부족하면 어려운 선택지보다 더 쉬운 선택지를 택하게 된다.

이러한 작동 방식을 염두에 두고, 이번에는 동기부여에 대해 살펴보자.

동기부여의 힘, 그리고 사라지는 특성

。

완전히 압도될 정도로 뭔가를 꼭 해야겠다는 동기를 품어본 적이 있는가?

아마 격앙된 연설을 듣고 나서 일어난 감정이었을 것이다. 또는 당신의 꿈을 실현할 둘도 없는 기회를 만났을 때였는지도 모른다. 어쩌면 일종의 최후통첩을 받고 행동해야겠다는 동기가 생겼을 수도 있다. 예를 들면 오늘 판매 할당량을 채우지 못하면 해고될 수있다는 말을 듣는 경우처럼 말이다.

동기부여는 의도를 가지고 행동에 나서게 하는 강력한 자극이다. 자신의 상황을 바꾸려면 대가를 치러야 할 때가 많다. 이 대가는 나의 안위일 수도, 소중한 시간이나 특정 자원일 수 있다. 어떤 변화를 이루겠다는 동기가 높은 경우, 우리는 커다란 대가를 치르더라도 그 일을 실행하려 한다. 더 열심히 노력하고, 더 많은 시간을 투자하며, 더 많은 자원을 희생한다. 이와 반대로, 동기부여가 되어 있지 않을 때는 기꺼이 치르려는 대가 수준이 급격히 떨어진다.

이것이 동기부여의 문제다. 동기부여는 동력으로 활용하기가 어렵다. 동력으로 활용하기 어려운 것이라면 일관된 방식으로 이용할 수가 없다. 믿고 의지할 자원이 아니라는 말이다.

하지만 의지력과 동기부여가 부족할 때도 행동에 나서도록 마음을 훈련하는 데 사용할 '속임수'가 있다. 이는 더 즉각적인 만족을 선택하고 싶을 때도 그 충동을 참고 지금 해야 할 행동을 하도록 만드는 믿음직한 방법이다.

무엇보다도 가장 좋은 점은 이 속임수가 멘탈력을 기르는 것과도 완벽하게 연관된다는 사실이다.

의지력과 동기부여가 없어도 행동하는 법

○

에둘러 말하지 않겠다.

의지력과 동기부여가 없을 때도 행동하는 비결은 바로 습관에 의지하는 것이다. 당신이 자동으로 행동에 나서도록 추동하는 루틴과 의식을 만들어라. 루틴이 자리 잡히고 나면, 더는 결정 피로에 휘둘리는 무력한 피해자가 되지 않을 것이다. 더는 상황을 변화시키겠다는 동기가 생길 때까지 기다리지 않아도 된다. 습관이 당신을 도와줄 것이다. 일관된 습관을 가질수록 목표에 걸맞는 선택을 내리기가 더 쉬워질 것이다.

새벽 5시에 하루를 시작하기로 결심한 예로 돌아가보자. 오늘은 그냥 더 자기를 선택할 수도 있다. 그렇지만 평소에 귀찮아도 몸을 일으켜서 화장실에 다녀오고 물 한 잔 마시기를 꾸준히 실행해왔다면 침대 밖으로 나오기가 더 쉬울 것이다. 습관이 잡혀 있기 때문이다. 당신의 마음은 기존의 루틴에 익숙하기 때문에 당장은 침대에 조금 더 누워 있기가 만족스럽게 느껴지더라도 루틴에 시동을 걸면 거기에 따라 행동하게 된다.

멘탈이 와장창 깨지는 것 같은 힘든 일을 겪고 있을 때도 마찬가지다. 넋 놓고 주저앉아 있기보다는 평소 습관대로 원래 하던 일, 해야 할 일을 하다 보면 어느새 문제가 해결되어 있을 것이다.

습관의 신뢰도와 의지력, 동기부여의 신뢰도를 대조해 보자. 답은 간단하다. 우리가 '항상' 의지할 수 있는 것은 습관이다.

당신이 즐기는 무언가를 하고 싶다는 욕구가 들 때마다 충동에 이끌려 행동에 옮기기 전에 5분간 명상에
잠겨보라. 타이머를 설정해둔 뒤, 눈을 감고 호흡에 집중하자.
그런 뒤 아래 빈 공간에 어떤 생각이 들었는지 자유롭게 적어보자.

아래 리스트를 채워보라. 두 개의 리스트를 비교해 보면 나의 동기부여에 영향을 미치는 환경적 요소가
드러날 것이다. 이 요소들을 인식하고 나면, 나의 장기적 목표에 맞도록 합리적으로 조정할 수 있다.

● 동기를 부여하는 것들	● 동기를 사라지게 하는 것들
– 유튜브에서 '출근길 전투력 상승 플레이리스트' 듣기. – 매일 운동하는 친구와 만나서 운동 이야기하기.	– 매일 불만을 이야기하는 사람들과 모여 앉아 수다 떨기. – 완벽주의를 추구하다 금세 포기하기.

뜻밖의 좌절에도
정상 궤도를 유지하기

● ● ●

습관은 힘들고 어려운 시기에 우리를 든든히 받쳐준다. 삶이 내 계획을 비껴가고 뜻밖의 좌절이 몰아닥칠 때, 습관과 루틴은 내가 정상 궤도를 유지하도록 도와준다. 어려움을 겪고 압박에 짓눌릴 때, 습관은 거의 자동조종장치처럼 우리를 앞으로 나아가게 함으로써 행동에 영향을 미친다. 좋은 습관을 갖춘다면 행동과 의사 결정이 더욱 일관되게 자리 잡힌다. 더불어 충동에 덜 휘둘린다.

습관은 오래갈수록 더 깊이 뿌리박히고 이에 대한 자신감도 커진다. 문제는 습관을 길러 내 몸에 단단히 붙이는 것이다.

습관, 멘탈력의 핵심

°

습관을 떠올릴 때면 뭔가 행동하는 것이 자연스레 연상된다. 즉 습관은 우리가 행하는 것을 의미한다. 하지만 사실 습관에는 이보다 훨씬 많은 것이 담겨 있다.

습관은 내가 무엇을 중시하는지 드러낸다. 나의 가치관과 우선순위가 습관 속에 고스란히 배어 있다. 바람직한 식단과 규칙적인 운동 계획을 지키고 있다면 건강을 중요시한다는 뜻이다. 매일 아침 명상을 실천하고 있다면, 스트레스 없는 평화로운 마음 상태로 하루를 시작하는 것을 중시한다는 뜻이다. 반대로 끊임없이 정크 푸드를 먹고, 운동을 멀리하며, 온라인에서 사람들과 정치 문제로 자주 갑론을박을 벌인다고 해보자. 이런 습관을 살펴보면 어떤 가치관과 우선순위를 두고 있는지 훤히 알 수 있다.

내 행동을 더 일관되게 만들어주는 습관을 기르는 과정은 멘탈력을 기르는 데 매우 중요하다. 이로써 의지, 동기부여, 영감에 의존할 필요가 없어지니 말이다. 사실 이들은 모두 변덕스럽고 덧없는 것들이다. 하지만 스트레스와 압박에 짓눌릴 때 적절히 행동하기 위해 마련하는 루틴과 체계는 믿고 의지해도 좋다.

이를 염두에 두고, 나의 심리적·정서적 회복력을 탄탄히 다져줄 습관을 기르는 간단한 방법을 논의해 보자.

종류를 막론하고 습관을 기르는(그리고 굳히는!) 손쉬운 지침

。

젠 해비츠(ZenHabits.net)의 운영자 리오 바바우타(Leo Babauta)는 "새 습관을 기르고 싶다면 거부할 수 없을 정도로 쉽게 만들라"고 말한 바 있다. 이 간단한 말에는 엄청난 지혜가 담겨 있다. 새로운 습관을 기르는 데 가장 중요한 원칙은 작게 시작하라는 것이다.

직장에서 업무 능률이 떨어져서 부담감을 느끼고 있다고 상상해 보자. 회사에만 가면 몹시 지치고 집중하기 어렵다. 딴짓을 하는 시간을 줄이고 일에 몰입하는 습관을 기르고 싶다. 처음에는 열의가 넘쳐서 그럴듯해 보이는 목표를 세우려들 것이다. 그러지 마라. 걸음마부터 시작해야 한다. 양팔을 걷어붙이고 몇 시간 동안 쉴 없이 일하기보다는 흐트러짐 없이 10분간 온전히 집중하려고 노력해 보자. 거부할 수 없을 정도로 쉽게 만드는 것이 관건이다.

다음 단계는 서서히 점진적인 발전을 꾀하는 것이다. 새로운 습관을 단번에 껑충 성장시킬 필요는 없다. 사실 빠른 발전을 추구하는 것은 이롭기보다 해로울 가능성이 크다. 대부분의 사람에게 이는 실패로 가는 지름길이다.

10분간 집중했던 처음 시도에서 갑자기 45분간 집중하는 것으로 훌쩍 뛰어넘지 말아야 한다. 대신 처음 10분간 집중한 뒤에 짧게 1~2분 정도 휴식을 취한다. 이렇게 또 한 번, 그리고 다시 한 번 반복한다. 이를 몇 차례 성공적으로 해냈다면, 이번에는 작업 시간을 20분 단위로 나눠본다. 그 사이사이에는 5분간 휴식한다. 쉬지 않고 20분간 집중할 수 있게 되었다면, 다음에는 또 10분을 늘려서 작업하고 사이사이에 휴식을 취한다. 이 과정을 따르다 보면 마침내 상당 시간 일에 몰두할 정도로 집중력이 자랄 것이다.

나 역시 이 방법을 이용해서 몇 시간 동안이나 주의를 빼앗기지 않고 일할 수 있을 만큼 발전했다. 그러나 집중력이 향상되었다고 해서 반드시 한 번에 몇 시간 동안 일해야 한다는 뜻은 아니다. 비교적 짧은 단위로 일하는 편이 더 유익하다. 이를테면 45분간 작업하고 10분간 휴식하는 방식이 바람직하다. 이 과정을 네 번 반복하고 나서는 30분간 휴식을 취한다. 이런 방식으로 작업에 임하면 나만의 추진력을 유지할 수 있다. 또한, 주기적으로 뇌가 충전할 기회가 생기므로 집중력도 대체로 유지된다.

새 습관을 기르는 마지막 단계는 내가 반응을 끌어낼 실마리를 만드는 것이다. 이는 어렵지 않다. 중요한 것은 일관성을 지키는 것이다.

짧은 휴식 뒤에 일을 지속하도록 훈련하고 있다고 해보자. 문제는 이렇게 쉬다 보면 작업을 놓아버리고 좋아하는 넷플릭스 드라마를 시청하게 된다는 것이다. 그러지 말고, 영감을 주는 짧은 노래를 하나 고르자. 휴식을 끝낼 때마다 이 노래를 듣는다. 노래가 끝나는 즉시 다음 일을 시작한다. 이로써 당신의 뇌는 그 노래와 다음 행동, 이 경우라면 작업으로 돌아가기를 연관 짓기 시작한다. 여기에 익숙해지면 노래를 들으면 망설임 없이 업무로 돌아가게 될 것이다.

이런 실마리를 통제하고 설계하는 사람은 당신이다. 즉 새 습관을 기르겠다고 결정할 때마다 전체 쇼를 주도하는 주인공이 당신이라는 뜻이다.

습관을 기르는 간단한 체계가 실수를 막아주지는 못한다. 분명당신은 때때로 실수할 것이다. 걱정하지 마라. 이것도 자연스러운 과정의 일부니 말이다. 자신을 용서하고 또다시 전진하라.

멘탈력을 높이기 위한 매일매일 다섯 가지 '말' 습관

아래 내용은 강한 멘탈을 기르는 데 꼭 필요한 '말' 습관이다. 말의힘은 당신의 상상 이상이다. 아래 목록을 염두에 두고 말 습관으로다져놓으면 어느 날부터는 생각이 바뀌고 행동이 바뀌고 당신의미래가 바뀌어 있을 것이다.

1. "과거는 미래의 역경을 극복하기 위한 훈련이다."
우리는 때때로 과거가 자신을 규정하도록 허락한다. 과거에 벌어진일, 그리고 이에 대한 나의 반응이 지금의 나를 좌우하도록 용인한다. 나의 가치관과 신념도 과거에 겪은 일과 단단히 얽혀 있을 때가많다.

이 연결을 끊어내자. 과거는 미래를 위한 훈련에 지나지 않는다고 생각하자. 이런저런 일이 벌어졌다. 당신은 이에 반응했고, 더러 실수를 저질렀을 수도 있다. 이제 그 경험으로부터 배울 차례다. 당신의 과거는 앞으로 어떻게 반응하는 것이 최선인지 알려주는 지침일 뿐이다.

2. "부정적인 감정을 인정하자."

앞서 논했듯이 부정적인 감정 자체가 해로운 것은 아니다. 오히려 이런 감정들은 정신 건강과 심리적 안녕에 이바지하는 요소다. 따라서 부정적인 감정을 인정하는 것이 당신에게 유익하다.

하지만 부정적인 감정은 합리적 의사 결정과 목적에 근거한 행동을 가로막기 쉽다. 순식간에 나를 압도할 수도 있다. 그러므로 내가 느끼는 분노, 수치심, 슬픔, 공황, 죄책감이 과하지 않은지 살펴봐야 한다.

부정적인 감정을 무작정 억누르지는 않아도 된다. 다만 그런 감정이 일어날 때마다 잘 살펴보는 습관을 들여야 한다.

3. "나는 할 수 있다."

자신감은 멘탈력을 기르는 데 필수 요소다. 역경 속에서도 꿋꿋이 전진하고 불확실성에 대한 두려움을 극복하는 것도 자기 능력을 신뢰할 때라야 가능하다.

비즈니스계의 거물 헨리 포드(Henry Ford)는 이렇게 말했다. "할 수 있다고 생각하든, 할 수 없다고 생각하든, 당신 생각이 맞다." 포드는 개인의 재능과 기술의 역할을 무시한 것이 아니라 이에 못지 않게 자신감도 중요하다고 보았다. 그는 자기 확신이야말로 성공의 필수 요소이며 자신감이 없다면 실패하기 쉽다는 것을 알고 있었다.

4. "이 또한 감사하다."

일이 잘못되면 우는소리를 하면서 불평하고픈 유혹이 든다. 하지만 반드시 알아야 할 두 가지 사실이 있다. 첫째, 불리한 상황에 대한 불평과 짜증은 문제 해결에 아무런 역할을 하지 못한다. 둘째, 불평하다 보면 온갖 부정적인 감정이 밀려들어 더 큰 절망과 실망에 빠지게 된다.

긍정적인 마음가짐을 유지하는 것은 용감하게 역경을 헤쳐나가는 데 매우 중요하다. 매일 아침 당신에게 일어난 좋은 일들을 떠올려보라. 오후에는 감사히 여길 만한 것들을 하나하나 떠올린다. 밤이 되면 잠자리에 들기 전에 그날 하루 동안 누린 소소한 승리를 되짚어본다. 이렇게 날마다 감사하는 태도를 연습하자.

5. "나는 변화를 즐기는 사람이다."

대다수 사람은 변화를 두려워한다. 앞을 가늠할 수 있다면 불확실성이 줄어든다는 점에서 사람들은 예측 가능성을 좋아한다. 불확실성에 대한 두려움은 목적에 맞는 행동에 나서지 못하게 하는 주요 인 중 하나다.

유연한 태도로 상황을 마주하고, 일이 잘못되더라도 적응력을 발휘하기 위해서는 평소에 자꾸만 자신의 안전지대를 벗어나야 한다. 이를 위해 내 삶에 받아들일 수 있는 변화를 적극적으로 찾아 나서야 한다. 이런 태도가 지니는 한 가지 장점이 있다. 변화하는 상황에 덜 예민해져서 변화에 대한 내성이 커진다는 것이다. 이렇게 내성이 커지면 자연스럽게 두려움도 줄어든다.

습관을 새로 만들 때 가장 좋은 점은 나의 속도대로 진행할 수 있다는 것이다. 다시 한번 말하지만 작은 단계부터 서서히 발전하는 것이 가장 좋다. 하지만 사람마다 '작은', '서서히'의 의미가 각기 다르다. 그러므로 나의 현재 루틴과 잘 어울리고, 당신이 활용할 수 있는 시간, 주의력, 에너지에 걸맞은 계획을 짜보자.

기르고 싶은 습관을 세 가지 적어보자. 각각의 습관을 위해 오늘 시작할 수 있는 활동을 세 가지 적는다.

● 습관 1 :

   → 오늘 시작할 수 있는 활동

● 습관 2 :

　　→ 오늘 시작할 수 있는 활동

● 습관 3 :

　　→ 오늘 시작할 수 있는 활동

3

*

한계를 뛰어넘어
진정으로 강해지는 법

이제 우리의 멘탈은 꽤 강해졌다. 수시로 우리를 흔들리게 했던 일상의 크고 작은 위기나 외부의 장애물 정도는 다스릴 줄 알게 되었다. 그러면 여기서 한발 더 나아가 우리 스스로의 한계를 뛰어넘으려면 어떻게 해야 하는지 이야기해 보자.

자기 수양

목표를 위해
이를 악물고 견디는 힘

• • •

나는 대기업에서 일할 당시 부업을 시작했다. 사무실은 거실이었다. 나는 매일 새벽 4시에 일어나 내 사업을 돌보다가 회사로 향하곤 했다. 저녁에 귀가하면 곧장 업무에 돌입했다. 자정이 돼서야 겨우 누우면 4시간 정도 자고 일어나 다음 날 아침에 똑같은 일과를 반복했다.

이 생활은 수년간 이어졌다. 당시 가장 친한 친구는 커피였다. 커피의 도움 외에 이런 생활을 가능하게 만든 것은 자기 수양의 힘이었다. 의지력도 동기부여도 아니었다. 내게 자연스럽지 않은 것, 불편하고 힘든 일을 날마다 억지로 실행한 것이다. 관건은 나의 충동을 조절하고, 즉각적인 만족을 포기하며, 극도의 불편함을 감수할 수 있느냐였다.

건강한 생활은 아니었다. 오랫동안 유지할 일도 아니었다. 사업을 키운 대가로 내 몸과 마음의 건강은 망가졌다.

하지만 나는 스스로 만든 혹독한 시련을 견뎌내면서 중요한 교훈을 배웠다.

첫째, 목표에 충분히 집중하고 있다면 무엇이든 억지로 견뎌낼 수 있다는 것을 알게 되었다. 이러한 인내력은 미루는 습관, 우유부단함, 두려움, 나태를 이기는 데 유익하다.

둘째, 자기 수양은 멘탈력의 필요 조건이라는 것도 알게 되었다. 자기 수양을 먼저 기르지 않고는 멘탈력을 기를 수 없다. 어떤 면에서 자기 수양을 쌓는 것은 멘탈력을 기르기 위한 훈련과 같다. 일종의 극기 훈련이라고 할 수 있다.

목표를 이루기 위해 장기전으로 꾸준히 노력하는 게 너무 힘들어서 매번 좌절하고 있다면, 불편을 감수하고 극기하는 데 어려움을 겪고 있다면, 이 내용이 매우 유익할 것이다.

자기 수양은 의지력과 어떻게 다른가
。

내 사업을 키워갈 당시에 나의 친구들과 가족들은 "넌 정말 의지력이 대단해"라고 말하곤 했다. 하지만 이는 틀린 말이었다. 의지력만으로는 스스로 자처한 극기 훈련, 그러니까 가혹한 수면 박탈과 철저한 만족 지연을 수년간 지속할 수 없었을 것이다.

앞에서 논했듯이 의지력은 금세 쇠약해지는 제한적인 자원이다. 차에 넣어둔 연료처럼 사용하면 할수록 더 빨리 소모된다. 분명 의지력은 유용하다. 일시적으로나마 에너지가 폭발하면 당장 내가 원하는 것과 반대되는 행동을 의욕적으로 해낼 수 있다. 하지만 그런 행동을 구조화된 방식으로 끊임없이 반복하려고 한다면? 자기 수양이 필요하다.

의지력이 있으면 새벽 5시에 포근한 이불을 박차고 벌떡 일어날 수 있다. 자기 수양이 있으면 '매일' 아침 이렇게 행동할 수 있다. 의지력이 있으면 일주일간 모든 여가와 휴식을 끊고 시험 공부를 할 수 있다. 자기 수양이 주는 통제력이 있다면 1년 동안 친구들과의 만남도 거절하면서 대학원 입학 준비나 변호사 자격증을 위한 공부를 할 수 있다.

의지력은 이따금 곁에 있을 뿐 대개는 얼굴을 보지 못하는 친구와 같다. 믿음직한 친구는 아니다. 자기 수양은 상황과 관계없이 언제나 곁에 머무는 친구와 같다. 이 친구와 우정을 쌓아두면 한 치의 의심 없이 온전한 신뢰를 누릴 수 있다.

그러면 이제 자기 수양을 쌓는 방법을 알아보자.

자기 수양을 몸에 익히는 법

솔직히 말해 자기 수양을 하는 뾰족한 비결은 없다. 여느 습관을 기르듯 시간과 노력을 들여야 한다. 그리고 다른 모든 습관을 기를 때처럼 그 과정에서 실패와 좌절을 겪을 수도 있다.

이 사실을 미리 알아두는 것이 유익하다. 그래야 여기저기서 넘어질 때 큰 실망에 빠지지 않는다. 당신이 로봇이 아닌 이상 분명 넘어지는 순간이 올 수밖에 없기 때문이다. 또한 자신을 용서하고 다시 안장에 오르기도 더 수월할 것이다.

아래 제시하는 다섯 가지 방법은 내가 자기 수양을 쌓으려고 노력하는 과정에서 매우 유효한 방법들이었다.

1. 유혹거리가 없는 환경 만들기

주변 환경에 존재하는 유혹을 아예 치워버리면 이를 이겨내기가 더 쉽다. 간식을 끊기 어려운 경우를 생각해 보자. 해법은 집, 사무실, 침실, 책상에 놓인 모든 간식을 없애는 것이다. 손에 닿으면 충동이 생긴다. 접근성을 줄이면 충동을 조절할 수 있다.

2. 소소한 단계를 밟아나가기

다시 말하지만 자기 수양을 쌓는 것은 여느 습관을 기르는 것과 같다. 하룻밤 사이에 엄청난 수양을 쌓겠다는 포부는 금물이다. 목표를 세우고 몇 주 또는 몇 달에 걸쳐 일관된 행동을 소소하게 밟아나갈 계획을 세우자. 그 과정에서 스스로 이룬 작은 승리들을 축하하자.

작은 단계를 밟아나가며 작은 성취감을 느끼면 앞으로 나아가기가 더 쉬워지고 보람도 커진다. 더불어 내가 운전대를 잡고 있다는 사실을 인식하도록 마음을 훈련하게 된다. 통제권은 당신이 쥐고 있다.

3. 행동 계획 만들기

자기 수양을 우연에 맡기지 마라. 일관된 방식으로 집중력 있게 행동하도록 만들 합리적인 전략을 세우자.

예를 들어, 매일 아침 저널을 쓰고 싶다고 해보자. 결심만 하면 자연히 하게 될 거라고 가정하지 마라. 달력에 '저널 쓰기'라고 적어두고 미리 계획을 세우자. 매일 아침 시간을 정해두고 이는 결코 어길 수 없는 자신과의 시간이라고 여기자.

4. 단기적인 불편에 익숙해지기

자기 수양을 쌓는 데 있어 단기적인 불편은 피할 수 없다. 목표를 이루려면 불쾌한 것을 참아내며 만족을 지연시키는 법을 배워야 한다. 이와 반대되는 행동은 자신의 충동을 즉각적으로 따르는 것이다. 예를 들어 힘들게 공부하는 대신 침대에 누워 웹툰을 보고 싶다면 그렇게 하면 된다. 직장 일이 지겨워졌다면 그만두면 될 일이다. 다이어트 중인데 최근 체중에 변화가 없어 너무 화가 난다면 다 포기하고 폭식하면 된다. 이 모든 것은 수양과는 정반대되는 행동이다.

좌절감, 짜증, 그 밖의 괴로운 기분이 들 때면 그 감정을 그대로 받아들이자. 피하지 마라. 그 감정들을 인식하되 휘둘리지 않으면 된다. 불편이 있을 수밖에 없다고 인정하고 받아들이는 순간 충동을 조절하는 능력이 강화될 것이다.

5. 눈앞에 있는 과제에만 몰두하기

소설가 레이먼드 챈들러(Raymond Chandler)는 친구에게 자신의 집필 원칙을 이렇게 설명했다.

"하루에 4시간 이상 일정한 시간을 두고, 그 시간에는 글쓰기 외에는 아무것도 하지 말아야 한다는 것이지. 꼭 글을 써야 할 필요는 없어. (…) 다만 다른 어떤 일도 하면 안 돼. 글을 읽거나, 편지를 쓰거나, 잡지를 훑어보거나, 수표를 쓰는 것도 안 되는 거지. 글을 쓰기, 그게 아니면 아무 일도 하지 말 것."

이 관점은 내가 사업을 키워나갈 때 큰 도움이 되었다. 침침한 눈으로 커피를 마시며 카페인 효과가 바짝 일어나길 기다리면서, 나는 스스로에게 이렇게 말했다. "지금 당장 이 웹사이트를 개발할 필요는 없어. 하지 않는 건 네 선택이야. 하지만 여기 앉아서 다른 행동은 아무것도 못해." 그러면 나는 예외 없이 작업에 들어갔다.

내 삶에서 자제력이나 실행력이 요구되는 일을 적어보자. 주기적으로 부딪히는 것들이어야 한다. 나는 '식사를 끝내면 바로 설거지하기', '일할 때는 휴대전화 멀리하기', '쇼핑을 줄이고 저축 금액을 10퍼센트 늘려보기'를 적었다.

한 주 동안 리스트에 있는 일들을 실천하면서 자기 수양을 연습해 보자. 생각보다 할 만하다고 느낄 수도 있다. 시시때때로 찾아드는 불편을 견뎌보자.

포기

포기하기 전에
던져야 할 질문

• • •

멘탈력의 핵심은 살면서 좌절과 어려움에 부딪혔을 때 이에 대처하는 능력이다. 일이 잘못되더라도 자기가 세운 계획을 꿋꿋이 이행하고 자신의 감정을 다스리는 것이다. 패배와 절망에 굴복하지 않는 것, 포기하지 않는 것이다.

이런 능력은 일자리를 잃었을 때, 이혼을 겪을 때, 사랑하는 사람과 헤어졌을 때 큰 도움이 된다. 또한 삶의 소소한 어려움을 헤쳐나갈 때도 유용하다. 사실 멘탈력은 나날의 삶 속에 벌어지는, 그리 심각하지 않지만 우리를 힘들게 하는 상황 속에서 적절히 활용할 때 더 큰 유익을 얻을 수 있다.

당신이 가장 최근에 세운 목표 하나를 떠올려보자. 그 목표를 향해서 열심히 노력했지만 나도 모르게 긴장이 풀려서 꼭 해야 할 일을 하지 못했다. 분명 자신에게 몹시 실망할 것이다. 이때 내면의 비판자가 등장해 '너는 그런 결심을 지켜낼 의지가 부족해'라며 다

집어치우라고 다그친다. 대다수의 사람들이 여기서 허무하게 포기해버린다. 하지만 멘탈력이 있다면 그만두기를 거부할 것이다. 그날 하루 실패했을 뿐이라고 여기고 다음 날이면 다시 시작하는 마음으로 새롭게 이어간다. 돌부리에 걸려서 넘어질 수 있다. 괜찮다. 다시 달리면 결승선에 도착할 수 있다.

우리는 이런 포기의 순간을 날마다 경험한다. 직장에서, 집에서, 가족과 시간을 보낼 때도 예상치 못한 일이 생겨서 목표를 포기하곤 한다. 바로 이때가 멘탈력이 빛을 발해야 하는 순간이다. 불가피하게 자잘한 괴로운 일들에 부딪히고 포기가 눈앞에 보이는 순간 말이다.

전념의 중요성

○

무언가에 전념한다는 것은 그 대상에 가치를 둔다는 뜻이다.

'내 계산에 따르면 내가 바라는 결과는 시간과 노력을 들이기에 충분히 값진 일이다. 따라서 나는 이를 실현하는 데 초점을 맞춰 행동하고 의사 결정을 내린다'라는 판단에 따라 목표에 매진한다. 이렇게 무언가에 전념하면 내가 바라는 결과를 위해 노력할 뿐만 아니라 그 과정에서 일이 잘못되더라도 버텨낼 힘이 생긴다.

부업을 시작한다고 해보자. 이 일을 꼭 성공시키고 싶다. 이런 의지가 생기면 저녁이고 주말이고 그 일에 시간을 쏟게 된다. 사업을 운영해본 사람이라면 아무리 사소한 일이라도 얼마든지 잘못될 수 있다는 것을 잘 알 것이다. 때로는 아무 예고 없이 갑자기 일이 틀어지기도 한다. 전념하는 의지가 없다면 두 손 들고 포기를 선언하고픈 유혹이 들지도 모른다. 하지만 사업을 성공시키겠다는 굳은 의지가 있다면 양팔을 걷어붙이고 어떤 장애를 만나든 극복하게 된다.

특정 업무, 프로젝트, 또는 어떤 구체적인 결과를 기대하는 일에 전념하면 장애물을 만날 때도 긍정적이며 단호한 태도를 유지하는 회복력을 가질 수 있다. 즉 포기하는 것이 더 쉬울 때조차 참고 견딜 수 있다. 만약 당신이 매번 쉽게 포기하는 패턴으로 일을 그르치고 있다면 제일 먼저 해야 할 것은 자기가 목표에 진심으로 전념하고 있는지를 다시 점검하는 일이다.

우리가 포기하는 이유

°

스스로를 포기하는 사람이라고 생각하고 싶은 사람은 없다. 하지만 대다수 사람은 인생의 장애물에 부딪혀 목표를 내려놓은 적이 있다. 기꺼이 버텨낼 마음이 없었던 것이다.

여기서 중요한 질문은 '왜?'이다. 포기하는 이유를 밝히고 나면 문제를 해결하기가 더 쉽다. 아래 내용은 좌절에 부딪힐 때 대다수 사람이 포기하는 다섯 가지 이유다.

1. 내 것이 되지 못한 목표

당신에게 그리 중요치 않은 목표를 세워본 적이 있는가? 솔직히 말해서 그럴듯하게 목표를 세우긴 했지만 그리 진지하게 생각한 것은 아닌 경우도 많았을 것이다.

나도 내가 기억하는 것보다 더 많이, 그리고 별 생각 없이 가벼운 목표를 세웠다. 그러고는 힘들겠다 싶은 첫 번째 신호가 나타나면 목표를 저버리곤 했다. 무언가를 달성하겠다며 호기롭게 나서더라도 진정한 주인 의식이 없다면 이런 일이 벌어진다.

모든 목표에 전념해야 한다는 뜻은 아니다. 오히려 당신의 장기적인 포부와 더는 어울리지 않는 목표들은 '마땅히' 포기해야 한다. 하지만 원하는 결과를 내 것으로 만들고 싶다면 삶이 어려워진다는 이유로 쉽게 포기해서는 안 된다. 목표와 결과에 대한 책임감을 느껴야 한다.

2. 유혹에 굴복하는 습관

우리는 좋은 습관을 기르는 방법으로 나쁜 습관도 기른다. 즉 충동에 굴복하는 나쁜 습관도 생길 수 있다. 충동에 굴복하는 습관은 반복할수록 강화되어 역경에 부딪힐 때마다 더 쉽게 포기하게 된다.

매일 30분씩이라도 운동하기를 시도해본 사람이라면(안 해본 사람이 있을까?), '오늘만 쉬자'의 유혹을 경험했을 것이다. 심지어 "오늘은 미세 먼지가 많아서 안 되겠어"라며 유혹에 넘어가는 것을 합리화했을지도 모른다. 문제는 이런 마음이 교묘하게 우리를 휘둘러 끊임없이 사소한 양보를 하게 한다. "어제 운동 많이 했으니까 오늘은 안 해도 괜찮아", "오늘은 회사에서 너무 힘들어서 쉬어야 할 것 같아"라고 말이다. 즉 충동에 반응하도록 자신을 길들이게 된다.

반대로, 몇 번이고 충동에 저항하면서 단기적인 불편을 감수하도록 마음을 훈련하면 첫 번째 유혹의 신호에 대번에 포기하려는 경향이 줄어든다.

3. 쉽게 흐트러지는 집중력

우리 마음은 늘 더 쉬운 길을 찾는다. 이는 합리적인 현상이다. 원하는 결과를 성취하는 데 필요 이상으로 노력해야 할 이유가 있을까? 목표를 추구하는데 왜 필요 이상의 스트레스를 참아야 하는가? 간단히 말해, 마땅한 이유도 없이 불편함과 괴로움을 감내할 이유는 없다.

다시 말하지만 이런 사고방식은 지극히 합리적이다. 장애물에 부딪혔을 때 우리 마음은 즉시 저항이 덜한 길을 찾는다. 문제는 그런 길을 제공하며 주의를 빼앗는 것들이 수없이 많다는 사실이다. 소셜 미디어, 넷플릭스, 휴대전화, 다양한 취미가 전부 그 예다. 심지어 이렇게 즉각적인 즐거움을 주는 게 아니여도, 조금이라도 더 수월한 목표만 보아도 주의를 뺏긴다. 지금 내게 맡겨진 과업을 놓아버리고 덜 고생스럽고 덜 성가신 손쉬운 활동에 몰입한다.

4. 명확하지 않은 보상

우리가 하는 일에는 목적이 있다. 특정한 결과를 이루고자 노력하는 것은 그 결과가 우리에게 중요한 보상을 가져다주기 때문이다.

예를 들어 대학에서 좋은 성적을 위해 열심히 공부하는 것은 우수한 성적으로 졸업해야 더 나은 취업 기회가 생기기 때문이다. 유독 몇몇 인간관계에 시간과 노력과 감정을 쏟는 것도 이 관계들을 통해 삶의 충족감을 얻으려는 목적에서다.

노력에 대한 대가로 얻을 보상이 명확하다면 그 과정에서 부딪힐 고난을 더 잘 견뎌낸다. 이 보상이 명확하지 않다면 더 쉽게 포기하게 된다. 이 경우 "대체 무엇 때문에 이런 비참함을 견디는 걸까?"라는 의문이 들기 마련이다.

따라서 무엇을 하든 그로부터 얻을 대가를 분명히 해두어야 한다. 이러한 보상을 인식하고 있으면 복잡한 일이 불거질 때 포기하려는 욕구에 저항하는 데 도움이 된다.

5. 너무나도 달콤한 낙관적 기대

낙관적인 태도는 바람직하다. 멘탈력을 갖춘 사람들의 특징을 다룬 글에서 논했듯이, 낙관주의는 멘탈력을 기르는 데 필수적이다. 하지만 이는 현실에 근거한 조심스러운 태도여야 한다.

지나치게 낙관적인 사람은 잠재적인 장애물과 난제를 예상하지 못하고 그런 요인에만 눈을 가린다. 그 결과 능률적이고 의욕적인 태도로 어려운 상황에 대처할 준비를 갖추지 못한다. 이는 자연히 실망과 좌절로 이어져 포기할 가능성이 높아진다.

물론 일이 틀어질 모든 가능성을 정확히 예측할 수는 없다. 하지만 '일이 잘못될 수 있다, 그리고 실제로 종종 그런 일이 생긴다'는 사실을 인식함으로써 지나친 낙관주의를 피하도록 마음을 지킬 수 있다.

그만두고 싶을 때 고려해야 할 다섯 가지 질문

。

앞서 지적했듯이 때로는 포기하는 편이 합리적인 선택일 수 있다. 하지만 어떤 결과가 진정 내게 중요한 것이라면 포기하려는 욕구가 합리적인지 잘 살펴봐야 한다. 포기하려는 욕구의 뿌리가 정서적 충동인지 아니면 합리적인 판단인지 질문을 던져 검증해 보기 바란다.

1. 왜 그만두고 싶은가?

목표하는 일에 너무 많은 노력이 드는가? 너무 많은 시간을 뺏기는가? 스트레스가 심한가? 그만두려는 이유를 알면 그 일을 실행하는 것이 실용적인지 논리 정연하게 판단할 수 있다.

2. 나의 목적은 무엇인가?

우리는 어떤 것이 자기에게 중요한 이유를 쉽게 잊는다. 원하는 결과를 성취하려는 과정에서 길을 잃는 탓에 그것을 성취하려던 본래 이유를 등한시하기 시작한다.

이 질문을 곰곰이 생각해 보면 자신의 원래 목적을 돌아보게 된다. 여전히 내게 중요한 일이라면 앞으로 밀고 나가려는 의지를 굳힐 수 있다. 더는 중요치 않은 일이라면 후회하지 않고 합리적이고 당당하게 그 일을 포기하겠다고 결심할 수 있다.

3. 일에 대한 보상이 불편을 적절히 상쇄하는가?

속담에 나올 듯한 크나큰 시련을 겪고 있다면 분명 값진 보상이 뒤따라야 한다. 그게 아니라면 괴로움과 슬픔을 견뎌낼 이유가 없지 않은가? 진정 가치 있는 보상이라면 이 질문을 통해 그 유익을 마음속에 다지게 될 것이다.

4. 뚝심이 부족해서인가, 아니면 생각이 바뀐 것인가?

웹사이트 제작법을 처음 배웠을 때 나는 기본적인 코딩에 관해 온갖 것을 배울 수 있다는 사실이 흥미진진했다. 하지만 계속 배우다 보니 생각이 바뀌었다. 웹사이트 제작에 대한 흥미는 시들해지고, 사람들이 즐겨 찾는 웹사이트를 소유하는 것이 훨씬 더 중요하게 느껴졌다. 그래서 애초에 노력하던 것을 그만두고 웹사이트 제작자를 고용했다. 코딩을 배우겠다는 목표를 포기한 것이다. 하지만 이 결정은 합리적이었다.

포기하고픈 유혹이 든다면 이 질문을 반드시 던져봐야 한다. 비전이 달라졌다면 지금껏 해온 일을 포기하는 것이 올바른 선택일수도 있다. 하지만 단지 뚝심이 부족해서 그런 충동이 들었다면 이를 훤히 드러냄으로써 다시 일에 몰두할 수 있다.

5. 포기하겠다는 결심을 후회하지 않겠는가?

이 질문은 오늘 내린 결정으로 '미래의 나'가 어떤 감정을 갖게 될지 예측해볼 기회를 준다. 지금의 노력을 그만두겠다고 결심하면 오늘로부터 1년 뒤에 이 결정에 관해 어떻게 느끼게 될까? '미래의 나'는 전혀 후회하지 않을까? 성급하게 포기했다면서 자책에 빠지지는 않을까?

후자일 경우가 더 높다면, 지금이야말로 포기하려는 충동에 굴복하지 말고 다시 목표에 몰두할 때다.

다시 한번 말하지만 나의 장기적인 계획과 맞지 않는 과업, 프로젝트, 목표를 그만두는 것은 아무 문제가 없다. 하지만 너무 쉽게 포기하고픈 유혹이 든다면, 그 충동을 잘 살펴보고 위의 예리한 질문들을 고민한 뒤에 그만둘지를 결정해야 한다.

의지, 뚝심, 끈질김의 미덕으로 힘겨운 상황과 크나큰 역경을 극복해낸 사람을 떠올려보자. 친구, 가족, 지인일 수도 있고, 전혀 만나본 적 없는 공인일 수도 있다. 나의 가까운 친지 중에는 수년간 심각한 재정 문제를 겪었지만, 결국 이를 극복하고 자신과 가족을 위해 삶을 성공적으로 일으킨 사람이 있다. 당신이 떠올린 사람의 노력과 좌절, 그리고 마침내 이뤄낸 성공을 돌아보라. 그 사람과 자신을 비교하라는 말은 아니다. 다만 그가 자기만의 높은 산을 오르는 동안 발휘했던 회복력과 근성을 곰곰이 생각해 보면 된다. 그리고 당신이 포기했던 경험을 돌아보면서 앞서 살펴본 그 사람의 태도를 지녔다면 어땠을지 생각해 보자.

Q. 과거에 포기했으나 지금 후회하고 있는 일은 무엇인가?

A.

Q. 역경을 극복한 사람이었다면 참아냈을 법한 일은 있는가? 무엇인지 구체적으로 적어보자.

A.

지루함이 반드시
필요한 이유

● ● ●

대다수 사람은 지루함은 피해야 한다고 생각하며 자랐다. 지루함은 호기심이 부족하고, 관심사가 적으며, 스스로 즐길 줄 몰라서 생기는 것이라고들 생각한다. "지루한 사람들만이 지루함을 느낀다"라는 식이다.

자연히 지루함에는 부정적인 의미가 따라붙는다. 그러니 성인이 되어 지루함을 느낄 때면 불안감이 드는 것도 전혀 놀랍지 않다. 심지어 몇몇 사람은 죄책감까지 느낀다. 지루하다는 것을 충분히 바쁘고 생산적이지 않다는 뜻으로 받아들여서일 것이다.

하지만 그렇지 않다.

사실 지루함은 전혀 나쁘지 않다. 오히려 우리에게 주어진 선물이다. 비어 있는 시간을 메우려고 애쓰기보다 이 시간을 즐기고 축하해야 한다. 이때야말로 충분히 쉬고, 자신의 상황을 돌아보며, 그날 하루를 반성하면서 자기 인식을 높일 기회다.

여기에서는 지루함이 불가피할 뿐만 아니라 꼭 필요하다는 사실에 대해 이야기해 보려고 한다. 결론부터 말하자면 모든 분야의 전문 기술을 익히는 과정에서 지루함은 자신감을 높여주기 위한 필수적인 요소다.

무언가를 숙달하는 과정에서 벌어지는 일

자신이 숙달한 기술 하나를 떠올려보자. 눈 감고도 할 수 있는 수준을 위해 쏟아부은 시간과 주의력, 연습 시간을 돌아보자. 분명 그 과정에서 지루하다고 느꼈던 순간이 있을 것이다.

뇌는 새로운 것을 접할 때 자극을 받는다. 새로운 기술을 익히고 이를 활용할 생각을 하면 몹시 설렌다. 문제는 어떤 기술에 숙달하려면 연습과 반복이 필요하다는 점이다. 무언가를 계속 연습하다 보면 슬슬 지루해지기 시작한다. 전문성을 유지하려면 꾸준히 시간을 투여해야 하는데 뇌는 자동 모드로 움직이면서 사실상 잠에 빠져든다.

기타 연주에 숙달했다고 가정해 보자. 수천 시간을 들여 코드와 화성을 전부 외웠고, 이를 깔끔하게 연주할 수 있으며, 더 깊은 이해를 위해 음악 이론도 공부했다. 수년간 연습하며 시간을 투자하고 나니 전문가가 되었다. 그리고 분명 이 과정에서 몇 번이고 심한 지루함을 느꼈을 것이다. 계속 똑같은 것만 반복하는 것 같아서 그만두고 싶기도 했을 것이다.

숙달은 이렇게 이루어진다. 즉, 지루함은 숙달의 필수 조건이다. 지루함을 느끼지 않고 무언가를 숙달하는 법은 없다.

능숙함은 자신감을 높여준다

멘탈력을 기르는 데 숙달이 중요한 까닭은 무엇일까? 숙달은 통제감을 선사한다. 통제감을 더 많이 느낄수록 자신감이 높아져 갖가지 장애물을 극복하고 복잡한 일들을 헤쳐갈 수 있다.

나의 상황과 관련된 무언가에 숙달하지 않은 상태일 때, 우리는 통제력이 부족하다거나 혹은 준비가 덜 되어 있다는 느낌을 받는다. 성공을 이루는 데 꼭 필요한 기술이 부족하기 때문이다. 이런 상황에서 역경에 부딪히면 포기할 가능성이 크다.

상사에게 제출할 보고서를 준비하고 있다고 가정해 보자. 다수의 스프레드시트에서 데이터를 추려서 작성해야 하는 복잡한 보고서다. 그런데 문제가 생겼다. 적절한 데이터를 끌어내려고 만들어둔 공식이 잘못되어 전체를 모두 수정해야 한다.

만약 스프레드시트를 능숙히 다룰 줄 안다면, 문제를 조사하고 해결할 수 있다는 생각에 마음이 크게 불안하지 않을 것이다. 현재 상황을 잘 다스려서 극복할 수 있다는 통제감을 느낄 수 있다. 따라서 문제가 해결될 때까지 힘들어도 견뎌내려 할 것이다. 문제가 있지만 성공적으로 일을 마칠 수 있다고 믿는다.

스프레드시트 작업을 거의 안 해본 사람이라면 어떨까? 셀에 데이터를 입력하고 간단한 수식을 만들어내긴 하지만, 할 줄 아는 건 그뿐이라면? 이 상황에서 갑자기 보고서에 복잡한 문제가 생긴다면 전혀 통제감을 느낄 수 없다. 근본적인 문제를 조사하고 해결할 능력이 없다는 생각에 다 때려치우고 싶은 마음만 생길 것이다.

숙달이 멘탈력의 필수 요소인 이유가 여기 있다. 내 상황과 관련된 무언가에 능숙하다면 자신을 믿을 수 있다. 자신감이 끈질김과 뚝심을 키워준다. 나는 압박을 견뎌내고 눈앞에 놓인 장애물을 극복할 능력이 있다고 인식하게 된다. 따라서 실패에 굴복하지 않고 꿋꿋이 앞으로 나아갈 가능성이 크다.

지루함에 익숙해지는 방법

o

어떤 과업을 수행하는 동안 지루함이 느껴진다면, 애초에 그 과업을 수행하는 이유를 다시 떠올려보자.

무엇을 성취하고 싶은가? 그 결과가 중요한 이유는 무엇인가?

당신이 스프레드시트 작업을 하는 이유는 상사가 보고서를 맡겼기 때문이다. 당신은 상사에게 좋은 인상을 줄 수 있는 유용한 보고서를 작성하는 것이 목표다. 훌륭한 보고서로 좋은 인상을 심어주면 더 중요한 프로젝트를 맡을 수도 있고, 결국 승진과 연봉 인상이 뒤따를지도 모른다.

이렇게 눈앞의 과업에 쏟았던 주의를 더 큰 목적으로 옮겨본다. 그러면 지금 느끼는 지루함을 견뎌내기가 더 수월해진다. 당신의 주의력을 장기적인 목표에 쏟기 때문이다.

지루하다는 사실을 인식하는 것도 도움이 된다. 지루함은 미묘하게 찾아드는 까닭에 때로는 나의 자각 없이 가만히 스며들기도 한다. 현재 내가 지루하다는 사실과 그 이유(예: 계속해서 똑같은 기술을 반복하는 것이 지루하다)를 인식하자. 그러면 더 쉽게 지루함을 받아들이고, 이로 인한 스트레스, 좌절, 우울 같은 부정적인 감정이 들기 전에 털고 일어날 수 있다.

지루함에 대처하는 또 다른 방법은 지금 하는 일을 게임으로 만드는 것이다. 몇몇 지점을 정해놓고 이에 도달하면 자신에게 작은 보상을 주는 식으로 의무로 가득찬 일을 더 재미있는 활동으로 만들 수 있다.

예를 들어 기타 연습을 하고 있다고 해보자. 사실 손바닥 보듯 뻔히 화성을 알기 때문에 똑같은 것을 반복해야 하는 연습이 지루하게 느껴진다. 이때 5분 타이머를 이용해 연습을 게임처럼 만들어라. 5분 동안 실수하지 않고 깔끔하게 연주하려고 노력하고, 성공하면 좋아하는 사탕 하나를 먹는다.

보고서를 준비하는 것도 마찬가지다. 스프레드시트를 능숙히 다룰 줄 알아도 지루한 일이다. 이제 작업을 게임으로 바꿔보자. 타이머를 설정해놓고 앞으로 3분 안에 보고서 일부를 완성하려고 노력한다. 또는 지금껏 한 번도 시도해 보지 않은 참신한 전략으로 데이터를 추출해본다.

또 다른 효과적인 요령은 명상이다. 명상은 마음을 가다듬어 현재에 집중하도록 돕는다. 덕분에 지루함에 대한 민감도가 낮아지고, 현재에 머물며 평화와 기쁨을 찾게 된다. 이 방법을 활용하면 주의를 전환시켜 지루함을 날려줄 대상을 찾지 않아도, 자극이 없는 상태여도 차분하게 집중력을 유지할 수 있다.

지루함은 멘탈력을 기르는 여정에 함께하는 동지다. 멘탈력이 자라나는 과정의 일부이기도 하다. 그러므로 지루함에 수반되는 부정적인 의미를 떨쳐버리고, 특정 기술을 연습하고 연마하는 과정에서 생겨나는 지루함을 반기는 법을 배워야 한다. 결국 지루함을 느낀다는 것은 진정한 숙달 과정의 정점에 이르렀다는 뜻이니 말이다.

지루함과 연관된 감정을 짚어보자. 나는 지루함 하면 초조함, 좌절, 죄책감 등이 떠오른다. 나태한 시간은 쓸모없으니 항상 무언가를 해야 한다고 배우며 자랐기 때문에 지루하면 초조하고 죄책감이 든다. 그렇다면 생각을 바꿔 나태한 시간이 아니라 가치 있는 휴식 시간이니 재충전할 기회라고 여길 수 있다. 당신은 어떤가? 긍정적인 것도 있고 부정적인 것도 있을 것이다.

Q. 지루함을 생각하면 어떤 감정이 떠오르는가?

A.

Q. 그 감정 중에 부정적인 감정은 무엇인가? 그 감정을 다시 생각해 보면 어떨까?

A.

핀란드의 시수 정신

너무 거대한 역경을
마주했을 때

• • •

고난은 인생의 일부다. 분명 당신도 운명이 내게 원한을 품었나 싶을 정도로 만사가 잘못되는 경험을 해봤을 것이다. 가족이 잇따라 암 환자가 되어 간호할 사람이 모자를 지경이라거나, 남자 친구와 헤어져서 힘든 시간을 겪고 있는데 가장 친한 친구가 갑자기 외국으로 떠나 세상에 혼자만 남은 것 같은 일 말이다. 부모님의 빚을 갚기 위해 몇 년이나 고생을 하다 겨우 자리를 잡고 사업을 시작했는데 코로나19 때문에 다시 빈털터리가 됐을 수도 있다. 이런 일들은 너무 특별해서 어쩌다 텔레비전에 나오는 이야기 같지만 실제로는 누구나에게나 벌어질 수 있는 아주 흔한 일이기도 하다.

고난은 정말이지 불공평하고 불쾌한 경험이다. 게다가 그런 일은 항상 느닷없이 일어난다. 한 번으로 끝나지도 않는다. 삶이란 그런 것이다.

다행히 역경은 우리를 강하게 만든다. 극도의 열로 강철을 단련하면 합금이 단단해지듯이 우리의 심적 회복력도 역경 속에서 단단해진다. 하지만 이렇게 고생스럽고 실망스러운 과정으로부터 온전한 유익을 누리려면 자신감, 용기, 침착함을 가지고 역경을 맞이해야 한다. 이런 어려운 시기야말로 당신의 심리적 준비성, 정서적 회복력, 충동 조절, 의연함이 시험대에 오르는 때다.

핀란드인의 시수 정신

핀란드 단어 중에 '시수(Sisu)'라는 말이 있다. 이 단어는 어려운 시기에 핀란드인이 드러내는 특별한 태도를 가리킨다. 시수의 의미를 그대로 전달하는 영어 단어는 없지만, 대략 표현하자면 실패를 마주할 때 발휘하는 단호한 용기, 회복 탄력성, 근성 등을 모두 포함한 말이라고 할 수 있다.

핀란드인의 시수를 완벽히 묘사하는 감동적인 이야기가 있다. 1939년 말, 소비에트연방과 핀란드 사이의 협상이 결렬되면서 소비에트군이 핀란드를 침략했다.

누가 봐도 소비에트군이 유리한 전쟁이었다. 소비에트군은 핀란드군의 세 배나 되는 군인 수를 자랑했으니 말이다. 게다가, 핀란드인이 보유한 탱크는 32대뿐이었으나 소비에트군에는 수천 대가 있었고, 전투기 114대를 보유한 핀란드에 비해 소비에트군은 4천 대에 가까운 전투기를 가지고 있었다. 수적으로 소비에트가 핀란드를 압도했다.

핀란드인이 힘겨운 전투를 감내할 거라고 기대한 사람은 아무도 없었다. 전세가 핀란드인에게 불리하다는 말도 절제된 표현이었다. 승리의 가능성은 소비에트에 너무 치우쳐 있어 니키타 흐루쇼프(Nikita Khrushchyov)를 포함한 소비에트의 지도자들은 단 한 번의 발포로도 핀란드인이 항복할 거라며 코웃음 쳤다.

하지만 역사가 보여주듯 실제로는 전혀 다른 상황이 펼쳐졌다. 핀란드인은 땅굴을 팠다. 무기도 낡고 탄약, 연료 같은 자원도 부족했지만 이길 가능성이 희박한 악랄하고 피비린내 나는 전쟁 앞에 스스로 대비했다. 실패와 죽음이 거의 확실했던 상황 속에서도 핀란드 군인들은 물러서지 않았다. 그들은 항복을 거부했다.

이 '겨울 전쟁(Winter War)'은 점점 더 소비에트연방의 기대와 다르게 전개되었다. 3개월간 이어진 전투 동안 핀란드군의 사상자는 7만 명이었지만, 소비에트군의 사상자는 무려 40만 명에 달했다. 그럼에도 핀란드 정부는 막판에 소비에트연방이 제안한 조건을 수락할 수밖에 없었다. 핀란드군의 군수물자는 거의 바닥난 상태였고, 그렇게 작은 국가의 군대에서 7만 명의 사상자가 났다는 것은 어마어마한 피해였기 때문이다.

하지만 핀란드인들은 전 세계를 충격에 빠뜨릴 만큼 엄청난 멘탈력을 보여주었다. 핀란드인의 확고함과 용맹함으로 그들만의 시수 정신을 제대로 보여줬다. 윈스턴 처칠(Winston Churchill)은 1940

년 런던 전역으로 방송한 연설에서 이렇게 말했다.

"오직 핀란드만이, 훌륭한, 아니 숭고한 핀란드만이 곤경의 한가운데서 자유인이 할 수 있는 행동을 보여주었습니다. 핀란드는 인류에 위대한 봉사를 해주었습니다."

역경 속에서 시수 정신을 발휘하는 방법
∘

핀란드 군인들이 보여준 끈질김, 근성, 용기를 우리의 삶에 적용해보면 어떨까. 내가 감당할 수 없는 너무나 거대하고 압도적인, 그리고 불가피한 역경에 시수 정신으로 접근하자. 눈앞에 다가오는 도전을 받아들이고, 이에 대처하도록 철저히 준비하며, 어려움을 극복하는 데 전념하는 것이다. 누가 봐도 질 게 뻔하다는 이유로 쉽게 포기하거나 항복하는 길을 택하지 않은 핀란드인들처럼 비록 성공 가능성이 적다 해도 용기와 긍정성을 지켜내면 예상치 못한 결과를 손에 넣을 수 있을지도 모른다.

시수 정신은 나의 약점을 무시하는 것이 아니다. 도저히 넘을 수 없는 장애 앞에서 속 빈 허세를 부리는 것도 아니다. 시수 정신은 나의 상황을 정확히 깨닫고 내게 주어진 선택지를 평가한 뒤, 내가 바라는 결과를 얻고자 단호하게 행동에 나설 것을 요구한다. 상황이 내게 불리하게 돌아가고 있다는 것을 인정하되, 그럼에도 온 힘을 다해 밀고 나가는 것이다.

아래 내용은 핀란드인의 시수 정신을 적용한 몇 가지 요령이다.

1. 상황에 압도되지 마라

물론 말하기는 쉬워도 행하기는 어려운 일이다. 누군가의 죽음, 암 발병 판정 같은 몇몇 상황들은 너무 암울하고 비관적이어서 그 순간 압도당하는 기분을 피하기 어렵다. 하지만 무거운 부담에 짓눌릴 때 마음을 다시 추스를 수 있다면 눈앞에 놓인 장애물을 더 잘 처리할 수 있다.

2. 행동하는 데 전념하라

어떤 일이 벌어졌느냐보다 중요한 것은 우리의 '반응'이다. 차분히 반성하고 심사숙고하며 상황을 파악한 뒤 행동에 나서야 한다. 삶이 예측 불가능하고 내 행동과 의사 결정의 결과가 불확실하다고 해도 반드시 행동 중심의 마음가짐을 갖춰야 한다. 이런 마음가짐은 나의 한계로 인해 주춤하지 않고 눈앞의 난제를 마주하도록 용기를 불어넣는다.

3. 날마다 정서적 회복력을 연습하라

우리는 매일 자잘한 좌절을 겪는다. 개인의 삶을 보면 변화하는 것은 전혀 없어 보이는 좌절이다. 예를 들어, 동네 스타벅스 매장에

갔는데 그날따라 내가 마시고 싶은 음료를 제공하지 않을 수도 있다. 공항으로 향하는 길에 뜻밖의 교통 체증 속에 갇힐 수도 있다. 쇼핑하다가 지갑을 잃어버릴 수도 있다. 건강하든 해롭든 이런 상황에 대한 반응들이 내 마음을 훈련시킨다. 불리한 상황을 경험할 때마다 정서적 회복력을 연습한다면 자신의 결단력과 끈질긴 태도가 강화될 것이다.

4. 문제를 예상하라

문제를 예상해야 그 문제에 대비할 뿐만 아니라 이를 극복할 수 있다는 자신감이 생긴다. 1939년의 핀란드 군인이라고 상상해 보자. 이제 곧 전쟁이 터진다. 영하 40도에 이르는 날씨는 가혹하기만 하다. 가진 자원도 넉넉지 않다. 수적으로도 턱없는 열세다. 이렇게 상황이 어렵고 부수적인 불이익이 존재한다는 사실을 예상하면, 승리의 가능성을 높이기 위해 전략적으로 생각하고 의욕적으로 행동하게 된다.

당신 인생 중에 신을 원망할 정도로 거대한 역경에 부딪혔다고 느꼈던 적이 있는가? 아래 질문에 하나씩 답해 보라.

Q. 어떤 일이 벌어졌는가?

A.

Q. 어떤 감정을 느꼈는가?

A.

Q. 어떻게 극복했는가? 혹은 극복하지 못했다면 지금 상태는 어떤가?

A.

Q. 만약 시수 정신을 적용해 다시 그 역경을 마주한다면 무엇이 달라질 수 있는가?

A.

Q. 또 다른 역경에 부딪힌다면 반드시 적용하고 싶은 시수 정신은 무엇인가?

A.

실패는 나쁜 게 아니라
피드백일 뿐이다

• • •

실패를 원하는 사람은 없다. 사실 실패는 내 기대가 잘못되었거나 나의 기술이 부적절하다는 것을 증명한다. 이 둘을 모두 가리킬 때도 많다. 따라서 실패가 뼈아픈 것은 당연하다.

그렇다 해도 실패를 대하는 방식은 우리의 선택이다. 대다수 사람은 실패를 분하게 여기거나 수치스러워한다. 최대한 실패를 숨겨서 남들이 모르게 하려고 애쓴다. 비난을 피하려고 이런저런 이유를 늘어놓기도 한다. 심지어 다른 사람에게 책임을 떠넘기며 비난의 화살을 돌리려 한다.

실패에 대한 이런 반응은 자아(ego)에서 비롯한다. 무언가를 이루지 못했다는 것은 내 능력이 기대보다 부족하다는 것을 암시하므로 성공하지 못한 이유를 대기에 급급해진다. 그 이유들은 불합리할 때가 많다. 내가 미흡했다는 사실을 어떻게든 가리려는 마음에 직관적으로 합리화하려는 상황이기 때문이다.

멘탈력을 기르려면 실패를 바라보는 눈을 바꿔야 한다. 실패가 두려워 이를 덮어버리고 비난의 화살을 돌리기보다는 이를 껴안아야 한다. 실패가 달콤할 리는 없다. 하지만 성공을 받아들일 때와 같은 방식으로 실패를 수용하도록 우리 자신을 훈련할 수는 있다.

성공이든 실패든 피드백일 뿐이다

성공과 실패에 관한 수많은 책과 이론이 있지만 내가 이야기하고 싶은 결론은 바로 이것이다.

"실패와 성공 모두 우리의 의사 결정과 행동의 결과물일 뿐이다."

실패는 '나쁜' 것이며 성공은 '좋은' 것이라고 인식하지 말고, 둘 다 피드백이라고 생각해야 한다. 그래야 나의 의사 결정과 행동이 어떤 결과로 이어지는지 확인하기가 쉽다. 이는 내 기대를 조정하고, 나의 기술과 의사 결정의 미흡한 부분을 확인할 기회가 되어 미래에는 더 나은 결과를 얻을 수 있다.

실패는 내 기술과 능력에 대한 뼈아픈 결과라고 인식한다면 실패를 두려워하는 법을 배우게 된다. 실패한 나 자신이 무능하고 불충분하다고 생각하고, 마음속에 생긴 두려움이 너무 커진 나머지 위험을 감수하려 하지 않는다.

반대로, 실패는 노력의 결과를 알려주는 피드백에 불과하다고 생각한다면 이를 기회로 삼아 자신이 해온 과정을 개선하게 된다. 이번에 성공하지 못했다는 이유로 자신이 무능력하다고 여기지 않고, 실패로부터 얻은 피드백을 참고해 다시 한번 시도하려고 한다.

실패를 해석하는 방식에 많은 것이 달려 있다. 실패를 어떻게 바라보느냐에 따라 감정, 생각, 결국 자신의 반응도 영향을 받는다. 실패에 대한 교훈도 달라지기 때문에 전혀 다른 결말을 맞이할 수 있다.

농구의 황제 마이클 조던(Micheal Jordan)은 이렇게 말했다.

"나는 농구 경력 동안 9천여 번의 슛을 놓쳤고, 300회에 가까운 경기에서 졌다. 경기를 뒤집어주리라 믿고 내게 맡긴 슛을 26번이나 놓쳤다. 나는 평생 실패를 거듭했다. 이것이 내가 성공한 이유다."

다른 농구 선수라면 이런 기록에 어떻게 반응했을까? 자신은 형편없는 선수이며 농구로 성공할 가능성은 없을 거라고 믿고 농구를 포기했을지도 모른다. 그러나 조던은 그러지 않았다. 그리고 결국 세계에서 가장 유명한 농구 선수가 되었다.

실패를 피드백으로 인식하고, 목적에 기반한 행동으로 반응하면 내 능력에 대한 자신감이 커진다. 자신감이 커지면 자연히 예기치 못한 좌절도 덜 염려하게 된다. 어떤 도전을 만나든, 심지어 실패에 부딪힌다고 해도 충분히 대처할 수 있다는 것을 직관적으로 이해한다. 이런 자각을 통해 단순히 심적 회복력을 갖추는 데서 나아가 멘탈력을 기르고, 불가피한 삶의 어려움을 기꺼이 수용하는 자세를 유지할 수 있다.

실패는 큰 가르침을 주는 스승이다. 동시에 가혹하고 냉정한 스승이기도 하다. 결국 실수로부터 얻는 통찰과 가치는 그 속에서 어떤 교훈을 배우느냐에 달려 있다. 올바른 렌즈를 끼고 바라본다면 실패는 멘탈력에 놀랍도록 긍정적인 영향을 미칠 수 있다.

실패가 멘탈력을 향상시키는 방식
°

'나를 죽이지 못하는 것은 나를 더 강하게 만든다'라는 명언을 들어본 적이 있는가? 보통 이 말은 비극과 불행의 경우를 가리키지만, 실패에도 같은 의미로 적용할 수 있다. 실패를 피드백으로 해석한다면 이는 우리를 강하게 만든다. 그리고 여러 번 실패를 경험할수록 실패로 인한 괴로운 감정에 점차 둔감해진다.

이 과정을 거치면 불확실성에 직면하더라도 점점 더 대담해진다. 잘못된 결정을 내리거나 실수를 저지르는 일, 그리고 이에 따른 부정적인 결과를 얻는 것이 그리 두렵지 않다. 부정적인 결과는 피드백에 불과하므로 이를 참고하고 개선하면 될 뿐이다.

실패는 내가 부족한 사람이라는 판명이 아니라 피드백에 불과하다고 해석할수록 점점 더 용감해진다. 결국 두려움 없는 마음가짐을 갖추게 된다. 모든 부정적인 결과로부터 실용적인 교훈을 발견한다. 이러한 태도는 우리를 대담하게 만들고, 좌절과 불행에 부딪힐 때 필요한 회복력을 키워준다.

우리는 앞에서 성장 지향적인 사고방식이 얼마나 중요한지 논한 바 있다. 기꺼이 실패로부터 배우려는 자세는 이 사고방식과 완벽하게 일치한다. 이는 자신이 불완전하다는 것을 받아들이는 한편, 자신이 인내하고 결국 성공하기까지 필요한 모든 것을 배울 수 있다는 것을 인정하는 태도다.

이 자세는 삶의 전 영역에 영향을 미친다. 학교, 직장, 가정에서 우리의 의사 결정과 행동에 영향을 미치며, 친구를 비롯한 사랑하는 이들과의 관계 속에도 작용한다. 나아가 뜻밖의 장애물과 정서적 고통에 대한 우리의 반응을 좌우하기도 한다. 실패로부터 올바른 교훈을 배우면 자신에 대한 인식이 높아지고, 압박감을 이기고 난제를 극복하기 쉬워진다.

실패할 때마다 얻을 수 있는 것

°

그렇다면 실패로부터 배워야 할 올바른 교훈은 무엇일까? 우리 앞에 주어진 피드백을 최대한 활용하려면 어떻게 해야 할까?

아래는 실패를 향상과 궁극적인 성공으로 가는 발판으로 인식할 때 얻는 다섯 가지 유익이다.

1. 여러 실패 끝에 성공이 온다

야구 선수 베이브 루스(Babe Ruth)는 홈런왕이었지만 동시에 삼진 왕으로도 유명했다. 그는 "스트라이크를 당할 때마다 다음 홈런에 가까워진다"라고 말하기도 했다. 그는 실패가 최종적인 결과가 아님을 알았다. 그에게 실패는 놀라운 것을 이루기 위해 거쳐가는 이정표일 뿐이었다.

2. 실패는 소중한 경험을 제공한다

경험에는 중요한 가치가 담겨 있다. 경험은 나의 능력에 대한 건강한 관점을 제공한다. 주의를 기울여야 할 결함을 부각시켜 나의 한계를 인식하게 만들기도 한다. 경험은 개인의 성장에 꼭 필요한 요소다.

원하는 결과를 얻지 못할 때마다 나의 의사 결정과 행동이 어떤 결과를 초래하는지 더 깊이 이해하게 된다. 이 지식은 미래의 의사 결정과 행동에 참조점을 제공한다. 이렇게 자각력과 통찰력을 통해 효율성을 높여두면, 미래에 기대하는 결과를 얻지 못했을 때 더 끈질기게 버틸 수 있다.

3. 인내는 모든 것을 이긴다

실패에 관해서는 발명가 토머스 에디슨(Thomas Edison) 같은 대가도 없다. 그는 수천 번의 실패 끝에 전구를 발명해냈다. 나중에 그는 이 경험에 관해 "나는 실패한 것이 아니다. 효과 없는 만 번의 방법을 찾아냈을 뿐이다"라고 말했다.

그는 최종적인 성공을 위해서는 실패 앞에서 인내하는 것이 중요하다는 사실을 알고 있었다. 즉 실패를 딛고 일어나는 것은 지능, 재능, 교육보다 더 중요하다.

4. 나를 가로막는 두려움에 둔감해진다

두려움이 생기면 행동에 나서지 못한다. 대다수 사람이 직관적으로 제일 두려워하는 것이 바로 실패다. 우리는 자기가 하려는 것이 부정적인 결과를 낼 수 있다는 생각만으로도 두려움에 떤다. 우스운 꼴이 되면 어쩌나 싶어 염려한다. 과감하게 자신의 안전지대 밖으로 나오는 것이 그토록 어려운 것도 이런 이유에서다.

재차 실패하는 것, 그럼에도 앞으로 밀고 나가는 근성을 가진 것의 장점은 부정적인 결과에 서서히 둔감해진다는 것이다. 그런 결과가 내 상상보다 심각하지 않다는 것을 배우기 때문이다. 요컨대, 나의 두려움이 과장되어 있다는 것을 깨닫게 된다.

실패에 익숙해져 이를 배우고 성장할 기회로 삼게 되면 나를 꽉 쥐고 있던 실패에 대한 두려움의 힘은 약해진다. 그러면 우리는 상황을 요모조모 따져보고, 편안한 마음으로 위험을 감수하며, 내가 처한 상황을 개선하고자 노력할 수 있게 된다.

5. 실패에 대한 감정은 내가 결정한다

실패에 부딪혔을 때 인지적 회복력을 가로막는 가장 큰 요인은 감정이다. 그러나 실패에 대한 인식을 바꿈으로써 우리는 실패가 내면에 일으키는 괴로움, 두려움, 수치심 같은 부정적인 감정을 껴안을 수 있다. 아니면 실패의 틀을 바꿔 긍정적인 감정을 입힐 수도 있다. 실패를 배움의 기회라고 해석한다면 관심, 희망, 영감, 자부심, 심지어 감사의 감정을 부여할 수 있다. 이런 긍정적인 감정들은 지속적인 개인의 성장과 효능감에 대해 낙관적으로 바라보도록 돕는다.

모든 사람이 실패를 두려워하며 성장한다. 성인이 되어서도 이런 두려움을 떨쳐버리지 못하는 사람들이 많다. 그러나 우리가 성인이 되었다는 것은 수많은 실패가 있었다는 말이기도 하다. 기기도 어려워하던 아기가 일어나서 잘 걷고, 심지어 뛰게 되기까지 얼마나 많이 넘어지고 다시 일어나는가. 실패는 단지 성공으로 가기 위한 피드백이며 과정일 뿐이라고 생각하는 순간 우리의 목표는 더 커지고 멘탈은 강인해질 수 있다.

이 책은 당신을 위한 책이다. 누가 볼 것을 두려워하지 말고, 당신의 실패를 부끄러워하지 말고 여기에 솔직하게 털어놔라. 무슨 일이 벌어졌는지, 실패에서 배운 것이 있는지 적어보자. 그 실패를 성공으로 바꿀 수 있는 방법이 있는가? 객관적으로 당신의 실패를 바라볼수록 새로운 것이 보일 것이다.

"올바른 정신 자세를 가진 사람의 목표 달성은 그 무엇도 막을 수 없다.
반대로 이 세상의 그 무엇도 마음가짐이 잘못된 사람은 도울 수 없다."

_토머스 제퍼슨(Thomas Jefferson)

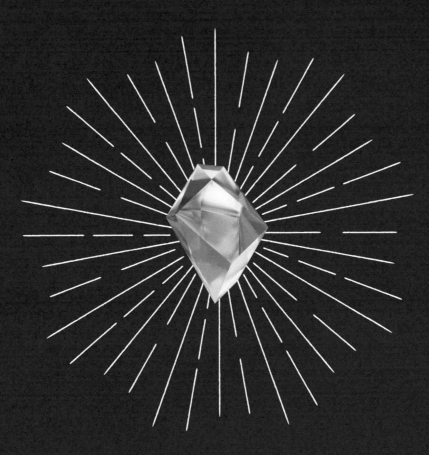

PART
03

◆ 심화 ◆

강한 멘탈을 위한
실전 퀵 가이드

지금까지 숨 가쁘게 달려왔다. 실전 트레이닝에 충실하게 참여했는가? 멘탈력을 기르고 싶다면 책의 내용을 꼼꼼히 읽는 것은 물론이고 트레이닝에도 적극적으로 참여해야 한다. 하지만 내용이 많아서 한번에 전부 소화하기 힘든 것은 사실이다. '이 모든 걸 다 해낼 수 있을까'라는 부담감이 밀려올 수도 있다. 마치 좋아하는 뷔페에 가서 진열되어 있는 온갖 맛있는 음식을 보고 넋을 잃는 것처럼 말이다. 어디서부터 시작해야 할까? 어떻게 하면 최대한의 유익을 얻을 수 있을까?

이 파트에서는 당신의 시작을 도우려 한다. 멘탈력을 실생활에 적용하면 어떻게 되는지, 경험과 현실 세계에 나타나는 결과에 초점을 맞춰보겠다. 또한 당신이 훈련을 시작할 수 있게 도와줄 간단한 방법과 강인한 멘탈력을 유지하는 방법을 설명할 것이다. 여기에 정리한 것들은 기본적인 것을 우선순위로 삼았다. 기초 중의 기초라고 보면 된다. 멘탈력이 자라나면 분명 자기 상황에 맞게 훈련법을 확장하고 싶어질 것이다.

감정 조절에서 심리적 준비에 이르기까지 이 책에서 논한 모든 것은 서로 밀접하게 연관되어 있다. 이 요소들은 서로 결합해 일종의 단단한 근육을 형성한다. 우리 육체의 근육을 사용하면 사용할수록 강해지고 유연해지는 것처럼 멘탈력도 사용할수록 성장하고 강해지고 유연해진다. 반대로 덜 사용하면 그만큼 약해지고 뻣뻣해진다. 당신의 '멘탈력 근육'을 위해 꾸준히 노력해 보길 바란다.

이제 결승선에 가까워지고 있다. 이제 지금까지 다룬 모든 것을 직접 활용해 보자.

(멘탈력을 실생활에 적용하면 어떤 변화가 일어나는가)

• • •

개념적인 수준에서는 멘탈력을 충분히 살펴보았다. 하지만 이런 논의는 자칫하면 물질과 중력이 작용하는 논리적 현실 세계에 닿지 못하고 학구적인 수준에 머무를 수도 있다. 일상생활에 적용하지 못한다면 자기 개선 목표는 추상적인 것으로만 남아 있고, 책 속의 이야기로만 존재할 것이다.

이제 그 간격을 메우려 한다. 어려운 상황에서 멘탈력을 발휘하는 것이 실제 삶에서 어떤 효과를 내는지 살펴볼 것이다. 몇몇 사례는 사소해 보일 수도 있다. 그것 또한 이 책의 목표다. 즉 소소해 보일지 몰라도 우리 삶의 곳곳에서, 시시때때로 힘을 발휘하는 멘탈력의 이점을 증명하려고 한다. 여기서 든 예시는 출발점에 불과하다. 분명 당신의 상황에 맞게 끈질김, 충동 조절, 정서적인 힘, 심리적 준비를 적용할 수많은 방법이 떠오를 것이다.

직장에서 발휘하는 멘탈력

직장은 좌절, 괴로움, 실망의 온상이라고 할 수 있다.

날마다 각양각색의 사람과 소통해야 한다. 각 개인은 독특한 개성을 지녔을 뿐 아니라, 그들의 기분은 각자의 상황에 따라 시시각각 변한다. 사실상 지뢰밭과도 같다. 누군가에게서 말도 안 되는 폭력적인 비난과 질책을 듣게 될 수 있다.

게다가 마감 기한을 맞추지 못하거나, 영업 할당량을 채우지 못하거나, 한껏 기대했는데 승진 대상자에 오르지 못할 때면 좌절을 겪기도 한다. 회사에는 사내 정치가 있어 누가 호의의 대상이냐에 따라 미묘하게 또는 드러내놓고 상벌이 주어지는 일까지 있다.

이때마다 멘탈이 흔들려서 주저앉아버리면 어떻게 될까? 온전히 결과물로 객관적인 평가를 받을 수 있다면 좋겠지만, 수많은 사람과의 관계가 얽혀 있는 직장에서는 그것이 말처럼 쉽지 않다. 게다가 타인의 평가에 좌지우지되는 순간 당신의 멘탈은 한없이 나약해진다. 원래 내가 해내야 하는 일까지 망치고 다시 멘탈이 무너지는 악순환에 빠지게 된다.

직장에서 일을 잘한다는 말은 업무 수행 능력, 전문성 등을 갖췄다는 의미이기도 하지만 그만큼 강한 정신력이 밑바탕에 깔려 있다는 뜻이기도 하다. 목표를 성취하는 데 흔들림이 없도록 감정을 다스리고, 긍정적인 관점을 지키고, 자신의 소소한 승리를 기념할 줄도 알아야 한다. 잊지 말자. 멘탈력은 내 안에서 나오는 것이다. 타인의 인정과는 무관하다.

프리랜서의 멘탈력

여기에서 프리랜서는 넓은 의미로 개인 사업을 하는 사람, 창작자, 가게를 운영하는 사람 등 직장이나 조직에 속해서 일하지는 않지만 고객에게 특정 서비스를 제공하고 돈을 버는 사람 모두를 말한다. 그리고 프리랜서라면 개인을 보호해주는 시스템이나 원칙이 없기 때문에 겪어야 하는 다양한 난제와 좌절, 그 외 어려운 상황을 익히 알고 있을 것이다. 심술궂은 고객을 상대하고 미지급된 내역을 재촉해야 할 때도 있고, 경쟁자에 비해 자신이 무능하고 초라하고 재능이 없는 듯한 기분도 든다.

그래서 정서적으로 유약한 프리랜서는 늘 고군분투하는 느낌에 시달린다. 이들은 늘 자기 능력을 의문시하면서 자신이 아마추어 같다는 느낌을 떨치지 못한다. 이러한 자기 의심은 크나큰 좌절감을 안겨준다. 특히 고객이 말도 안 되는 불평을 늘어놓고, 다시 해올 것을 끝없이 요구하며, 대금을 늦게 지급할 때면 심적으로 깊은 나락에 빠져든다.

멘탈력을 갖춘 프리랜서는 이런 어려움을 더 수월하게 이겨낸다. 그는 성마른 고객과도 능률적으로 협업하고, 집요한 요구에도 전문가답게 대응하며, 대금 지급이 늦어질 때도 당당한 모습을 보일 수 있다.

정말이지 프리랜서의 길은 험난하다. 따라서 성공적인 프리랜서가 되려면 강인한 마음을 갖춰야 한다.

프리랜서에게 강한 멘탈력은 최고의 친구다.

집에서 발휘하는 멘탈력

집에 머무는 것을 떠올리면 편안하고 느긋한 느낌이 연상된다. 하지만 여느 장소에서처럼 집에서도 어려운 상황이 생길 수 있다. 우리에게 벌어지는 모든 일을 통제할 수는 없으므로 때로는 우리의 인내력과 결의를 시험하는 상황에 대처해야만 한다.

집에 어린아이가 있다면 통제 불가능한 상황에서 겪게 되는 좌절감에 익숙할 것이다. 불 위에 올려둔 냄비가 끓어넘치고 있는데 아기는 밥을 먹다 갑자기 토하면서 엉엉 울고, 옷과 바닥은 모두 더러워졌다. 거기다 갑자기 누가 온 건지 현관문을 두드린다. 이렇게 동시다발적으로 일이 벌어지면 누구라도 패닉에 빠질 수밖에 없다.

소중히 여기는 일기장이나 책을 식구 중 한 사람이 무심코 버렸다는 사실을 알게 되었을 수도 있다. 혹은 모처럼 쉬는 날이라 독서에 집중하려고 하는데 집 근처 건설 현장에서 나는 소음이 너무 커서 도저히 집중할 수 없을 때도 있다.

집이 편안히 쉴 수 있는 곳이라는 말은 그만큼 우리가 처리해야 할 일이 많다는 뜻이기도 하다. 통제할 수 없는 일들로 인해 스트레스를 받고 거기에 압도된다면 달라지는 것은 아무것도 없다. 멘탈력을 발휘해 스트레스를 견뎌내고, 아무리 불쾌하더라도 그때그때 상황에 적응해야 한다. 그러고 나면 집은 마음 놓고 쉴 수 있는 곳이 될 것이다.

학교에서 발휘하는 멘탈력
°

실제로 많은 학생들이 학교에서 멘탈이 흔들린다고 고민을 토로한다. 학업 성적 때문일 수도 있고, 마음대로 되지 않는 친구 관계 때문일 수도 있다. 학교도 직장만큼이나 괴로움, 실망, 불안을 일으키는 공간이다. 특히 학교에서 나타나는 사회적 역학 관계는 몹시 골치 아픈 형태로 변할 수 있고, 이런 이유로 학교를 이탈하는 학생들도 많다.

이런 환경에서 멘탈력은 어떤 역할을 할 수 있을까?

밀린 잠이 쏟아질 때도 시험 공부를 할 수 있으려면 충동 조절이 필요하다. 상당한 시간과 노력을 쏟아부은 과제인데 형편없는 점수를 받았다면 자기 감정을 조절하며 주어진 상황에 대처해야 한다. 삶이 내 뜻과 어긋나게 돌아가더라도 제때 과제를 완료하려면 긍정적인 사고방식을 필수 자산으로 가지고 있어야 한다. 멘탈력은 학생들이 스트레스를 관리하고, 힘든 상황에 적응하고, 심지어 괴롭힘에 취약하지 않도록 정서적인 힘을 길러준다.

운동선수들의 멘탈력

○

다른 사람들과 기량을 겨루는 운동에 참여하는 사람이라면 멘탈력이 경기력에 미치는 영향을 잘 알고 있을 것이다.

훈련 기간에는 몸과 마음이 몹시 지쳐 포기하고픈 마음이 들 정도다. 그럼에도 훈련을 지속하고, 더는 남은 힘이 없다고 느껴질 때도 꿋꿋이 움직이게 만드는 것은 근성과 뚝심이다.

경쟁에 참여하다 보면 자기 의심이 들 수도 있다. 정말 내가 경쟁자만큼 훌륭할까? 내가 그들보다 나을까? 더 빠른가? 더 큰가? 더 강한가? 이런 물음들이 떠오를 때면 초조해지고 마음이 분산되기 시작한다. 심지어 경쟁자보다 열등하다는 느낌이 들기도 한다.

멘탈력은 자신의 경기력에 집중하면서 차분함을 유지하는 데 유익하다. 성공한 자기 모습을 시각화하면 자기 의심을 잠재울 수 있고, 자기 능력에 자신감을 가지면 심리적 압박을 없앨 수 있다. 멘탈력을 갖춘 운동선수는 자신을 믿고, 긍정적인 태도를 유지하며, 부정적인 자기 대화를 깨부수고, 장애물을 만나더라도 훌륭한 경기력을 보여준다. 심지어 등수에 연연해하지 않고 자기 자신과의 싸움에 즐겁게 몰입한다!

멘탈력과 목표 달성

°

결국 우리의 삶은 목표와 그것을 향한 방향성으로 구성되어 있다. 목표가 생기면 달성하려는 일에 주의를 집중하고, 방향을 설정한다. 이 방향에 따라 더 나은 의사 결정을 내리고 목표에 걸맞은 행동에 나설 수 있다. 목표를 성취할 때 만족감과 행복을 느끼고, 그러지 못하면 좌절감과 부정적인 감정을 느낀다.

문제는 목표를 성취하는 데 필요한 노력을 쏟아부어야 할 때 새로운 유혹이 등장하고, 충동과 욕구가 방해 공작을 펼친다는 것이다. 이러한 시나리오에서 멘탈력은 나의 결심을 굳혀주고, 목표에 전념할 수 있게 한다.

사실 모든 목표 달성의 주된 부분은 정신적인 태도와 관계된다. 성공은 자신의 충동을 억제하는 능력에 달려 있다. 충동 조절력을 발휘하려면 끈질김, 수양, 정서 조절의 형태로 나타나는 멘탈력이 꼭 필요하다.

멘탈력은 이혼, 실업, 사랑하는 사람과의 사별 등 인생의 크나큰 시련에 대처할 때 매우 중요하다. 하지만 인생의 자잘한 어려움을 건설적으로 극복할 때도, 원하는 바를 이루고자 할 때도 유용하다. 이런 상황은 하루 중 언제라도 일어난다. 각각의 사건이 일으키는 결과는 미미하지만, 이런 일들이 쌓이면 막대한 압박에 짓눌려 인생 전체가 흔들리기도 한다.

이제 멘탈력을 훈련하는 간단한 10단계 프로그램을 살펴보자. 이 프로그램을 따르면 순조롭게 멘탈력을 기르는 기초를 닦고 앞으로도 꾸준히 발전해나갈 수 있다.

강한 멘탈을 기르기 위한 10단계 훈련 프로그램

• • •

멘탈력에 관해 말하는 것, 혹은 책을 읽는 것과 이를 실천하는 것은 별개의 문제다. 여기에서는 쉽게 시작할 수 있는 간단한 행동 계획을 제시하려 한다. 앞으로 다룰 10단계는 멘탈력의 주요 원칙을 하나씩 집중적으로 살펴본다. 강한 멘탈을 기르기 위한 완전한 비법이 백과사전처럼 전부 실려 있는 것은 아니다. 다만 당신이 첫발을 뗄 때 올바른 방향을 향하도록 도와줄 것이다. 사실 모든 것을 아우르는 프로그램을 제공할 수는 없다. 기본적인 것을 통달한 다음이라면 각자 멘탈력을 기르는 자기만의 여정에 들어설 테니 말이다.

앞서 파트 1, 2에서 언급한 내용들을 총정리하는 것 같은 느낌이 들지도 모른다. 결국 우리의 지식을 삶으로 가져오기 위한 실전 과정이니 그 느낌은 당신이 이 책의 의도를 잘 따라오고 있다는 뜻이기도 하다.

이제 삶이 던져놓는 불가피한 난제, 복잡한 사태, 각종 스트레스 요인에 효과적으로 대처하는 데 필요한 기술과 지식을 하나씩 쌓아보자.

1단계: 멘탈력을 내 삶에 어떻게 적용할지 곰곰이 생각해 보기
°

이제 멘탈력은 추상적인 개념이 아니다. 당신의 삶에 실제적인 가치를 지닌 것이며 실제로 삶을 변화시킬 수 있는 힘이다. 강한 멘탈력으로 내 삶을 어떻게 바꾸고 싶은가? 나의 개인적인 상황에 어떻게 적용할지 생각해 보자.

목표와 포부는 성취 목적을 분명히 했을 때 더 쉽게 달성할 수 있다. 왜 심적 회복력을 기르고 싶은지 자신에게 물어보자. 이 회복력은 내 삶을 어떻게 개선해 줄까? 이를테면 자기 수양을 바탕으로 날마다 운동과 독서를 실천할 수 있게 될까? 아무리 친절하려고 해도 자기 멋대로 행동하는 고객을 만날 때마다 멘탈이 흔들리지 않게 도와줄까? 50세 은퇴를 위한 자산 준비에 매진할 뚝심이 생길까?

멘탈력을 기르기란 결코 쉬운 일이 아니다. 자신의 목표를 분명히 알아야 고군분투할 때 인내할 수 있다.

2단계: 목표를 세분화하기

。

목표를 세우는 게 낯설거나 어려운 사람은 없다. 하지만 목표를 세우는 것만으로는 부족하다. 올바른 목표를 세운다고 해도 마찬가지다. 중요한 것은 자신의 목표들을 쉽게 조절할 만한 여러 단계로 나누는 것이다. 네이비씰 요원들이 멘탈력을 기르는 방법을 다룬 부분에서 세분화 연습을 논한 바 있다. 네이비씰 요원들은 이 기술을 사용해 임무에 따르는 정신적 스트레스와 압박에 압도되는 것을 피하고 견뎌낸다.

마라톤에 참가하는 장거리 주자들도 마찬가지다. 장거리 주자들은 신체적으로나 정신적으로 지쳐 있을 때 결승점에 집중하지 않는다. 대신 시야에 들어오는 다음 지점에 집중한다. 그 지점에 도달하고 나면 눈앞에 보이는 다음 지점으로 초점을 옮긴다. 이들은 이런 노력을 지속하면서 자신이 마침내 결승점에 다다를 것이라고 확신한다.

상황이 어려워질 때 포기하고픈 유혹을 이기려면 목표를 세분화하라.

3단계: 어려운 상황은 개선의 기회로 삼기

。

멘탈력을 기르는 것은 자신의 상황을 어떻게 바라보느냐에 달려 있다. 역경과 불행은 나를 무력한 피해자로 만드는, 너무나 힘겨운 것이라고 인식하면 용기를 잃고 굴복할 가능성이 더 커진다. 반대로 불리한 상황을 배움의 기회로 인식하면 불행에 담긴 긍정적인 측면을 돌아볼 가능성이 커진다. 이는 까다로운 시나리오를 어떻게 해석하느냐에 달린 문제다.

잠재적인 클라이언트와 프로젝트를 논의 중인 프리랜서라고 해보자. 클라이언트가 당신의 제안을 딱 잘라 거절하고는 논의를 진전시키지 않는다. 이때 습관적으로 자신을 부정적인 상황의 희생자로 인식하는 사람은 자신의 능력과 기술부터 문제 삼으려 할 것이다. 이런 결과가 반복적으로 나타나면, 심지어 자신을 쓸모없는 존재로 여기기 시작하면서 사업을 접어야겠다는 결론에 다다를지도 모른다.

클라이언트의 거절을 긍정적인 관점에서 바라보았다고 가정해보자. 이번 문제를 계기로 당신의 요율 구조를 강화할 수도 있다. 높은 금액을 부과하면 더 나은 클라이언트를 만나게 될 테니 말이다. 당신의 원칙을 재확인할 수도 있다. 즉, 당신이 기꺼이 맡으려는 일과 그렇지 않은 일을 확인하게 된다.

어려운 상황을 새롭게 바라보면 이로부터 어떤 통찰을 얻을지 선택할 수 있다. 이러한 사고방식의 변화는 일이 틀어질 때 절망에 빠지느냐, 아니면 더욱 인내할 의지를 품느냐를 좌우한다.

4단계: 부정적인 감정을 다스리도록 연습하기

°

앞서 여러 번 언급했듯이 부정적인 감정은 자연스러운 것이다. 이런 감정들은 우리의 주의를 집중시키고 자신을 자극해 한 단계 성장하는 데 매우 유용하다. 문제는 불안, 분노, 두려움 등의 감정에 사로잡혀 전혀 행동하지 못할 수도 있다는 점이다. 약간의 부정적 감정은 큰 도움이 되지만, 이런 감정이 심해지면 금세 과부하에 걸릴 수 있다.

부정적인 감정을 억눌러서는 안 된다. 이런 감정들을 다스리는 가장 좋은 방법은 자신의 감정이 논리와 이성에 부합하는지 묻는 것이다. 이들이 서로 일치한다면, 일이 잘못될 때 목적에 맞게 행동하고 올바른 의사 결정을 내리기가 훨씬 쉽다.

당신의 퇴직 포트폴리오가 시장에서 된서리를 맞았다고 해보자. 수치가 하위 25퍼센트에 그쳤다. 이렇게 투자해서는 은퇴 자금을 충분히 마련할 수 없어 화도 나고 걱정도 된다. 잠시 멈추자. 심호흡을 한 번 하고, 이 부정적인 감정들이 이치에 맞는지 따져보자. 역사에 비춰보면 대개 시장은 수축한 뒤에 곧 반등하기 마련이다. 수년이 넘어서까지 하락세가 이어지는 경우, 즉 약세장은 극히 드물다. 이런 지식으로 머리를 정리하고 나면 분노와 걱정을 다스리기가 수월해진다. 감정 때문에 얼어붙지 않고, 더 유망한 분야로 투자금을 옮기는 식으로 합리적으로 행동할 수 있다.

이때 분노와 걱정은 당신이 의사 결정을 내리는 데 단초를 제공한다. 당신을 무력화하는 대신 행동에 나서도록 자극하는 역할을 한다. 부정적인 감정을 다스리기가 언제나 쉬운 것은 아니다. 하지만 일관된 태도로 이 기술을 활용한다면 점점 더 수월해진다.

5단계: 자신의 수행 장면을 시각화하기

○

이 단계는 쉽고도 간단하다. 방법은 이렇다. 어떤 일을 시작할 때마다 먼저 눈을 감고 그 일을 완벽하게 수행하는 자기 모습을 그려보는 것이다. 이때 갖가지 어려운 상황에 어떻게 대응할지도 상상해 본다.

자신의 수행 장면을 머릿속으로 재현하는 것은 두 가지 면에서 중요하다. 첫째, 성공을 기대하는 마음가짐을 갖게 된다. 짐 아프레모(Jim Afremow)는 그의 저서 《젊은 챔피언의 마인드(The Young Champion's Mind)》에서 다음과 같이 지적한다.

"뇌는 때때로 실제 경험과 생생하게 상상한 경험을 구분하지 못한다. 두 경험에 대해 뇌 속에서 같은 체계가 작동하기 때문이다."

자신이 무언가를 성공적으로 해내는 모습을 시각화할 때, 뇌는 이 모습이 실제라고 생각한다. 따라서 시각화는 말 그대로 성공의 기회를 높여준다. 이런 이유로 세계적인 운동선수들은 시합 전에 자신이 시합에서 이기는 모습을 반복해서 상상한다. 그들에게 효과가 있는 방법이라면 당신에게도 효과적일 것이다.

둘째, 머릿속으로 재현하는 것은 일어날 만한 모든 비상사태에 대비하게 해준다. 갖가지 어려운 상황에 자신이 어떻게 대응할지 시각화하면 정신이 더 빠르게 반응할 수 있다. 각각의 사태를 그때그때 해석해 적당한 반응을 고르는 대신, 이미 생각해둔 반응 행동이 나오게 된다. 그래서 장애물에 직면했을 때 상황을 반추하는 시간을 줄이고, '게임으로 돌아가기'가 더 수월해진다.

6단계: 내면의 비판자 다스리기

○

부정적인 감정처럼 내면의 비판자도 당신의 친구이거나 적이다. 이는 대체로 당신이 그에게 얼마만큼의 통제력을 발휘하느냐에 달려 있다.

내면의 비판자가 발휘하는 막강한 영향력 중 하나는 재앙적 사고다. 모든 상황에서 최악의 결과가 나타날 거라고 추측하는 전망은 논리와 이성에 반하는 것이며, 역경 속에서 꿋꿋이 밀고 나가려는 우리의 의도에 맞선다.

간식을 멀리하려고 애쓰고 있다고 가정해 보자. 어느 날, 유혹을 이기지 못하고 도넛을 하나 먹었다. 내면의 비판자는 이 실수 하나가 비참한 결과를 가져올 거라며 당신을 확신시키려 한다. 건강한 식생활은 영영 지키지 못할 것이며, 결국 병적인 비만 상태가 되어 딱할 정도로 게으른 사람이 될 거라고 비난한다. 모든 주변 사람에게 웃음거리가 될 테고, 무엇보다도 당신이 실패할 운명이라는 게 드러날 거라고 찔러댄다.

내면의 비판자는 이토록 지독하다.

하지만 긍정적인 자기 대화를 연습함으로써 내면의 부정적인 독백을 다스리는 법을 배울 수 있다. 또 다른 허위나 허세를 스스로에게 속삭이라는 게 아니다. 긍정적으로 생각을 관리하라는 뜻이다. 당신의 강점을 확고히 다지고, 약점을 인정하며, 의지를 동원해 약점을 개선할 수 있는 자신의 능력을 인정하는 것이다. 그러면 내면의 비판자는 자기 말을 들어줄 사람이 없다는 사실을 알게 될 것이다.

7단계: '정서적 빙하' 없애기
。

정서적 빙하란 자기 자신을 바라보는 방식, 다른 사람들에게 기대하는 행동 방식, 세상 속의 자신의 위치 등에 관한 개인적인 신념을 가리킨다. 이 빙하에 관해 우리는 극히 일부만을 자각한다. 실제 빙하가 그렇듯이 정서적 빙하도 대부분의 '덩어리'는 수면 아래에 있고, 눈에 보이는 것은 그 위로 드러난 빙하의

끄트머리일 뿐이다. 이로 인해 우리는 정서적 빙하가 우리 의지와 반대로 작용할 때 이를 놓치곤 한다.

다음은 정서적 빙하의 몇몇 사례다.

- 내가 하는 모든 일은 완벽해야 해.
- 삶은 공평해야 해.
- 내가 실패하는 이유는 내가 원래 그런 인간이기 때문이야.
- 감정을 드러내는 건 나약하다는 증거지.
- 부모님은 내가 해드리는 걸 고맙게 여기셔야 해.
- 나는 동료들의 존중을 받아 마땅해.
- 갈등은 항상 피해야 해.

정서적 빙하는 교활하다. 음흉하고 미묘하게 움직이면서 우리 눈을 피해 서서히 우리의 결심, 근성, 충동 조절력을 갉아먹으려 한다. 설상가상으로 이들 중 다수는 유년기에 생겨나 우리 정신에 깊게 스며들어 있다.

하지만 빙하를 부서지게 만들다가 결국엔 없앨 수 있다. 그 비결은 이의를 제기해 정서적 빙하에 자꾸 돌을 던지는 것이다. 까다로운 상황에서 나도 모르게 해로운 방식으로 반응하는 자신을 또다시 발견한다면 잠시 멈추고 이유를 살펴보자.

예를 들어 의도치 않게 누군가를 화나게 만들고는 서둘러 일을 무마하려 한다고 해보자. 당신은 상대가 다시는 화를 내지 않게 만들려고 애쓰고 있다. 이때 잠시 멈추고 당신이 왜 그런 식으로 행동했는지 살펴보자. 모든 사람이 언제나 당신과 원만하게 지내야 한다고 믿기 때문인가? 그렇다면 이 개인적 신념이 사실인지 자문해보자. 비합리적인 생각은 아닌가?

정서적 빙하에 꾸준히 이의를 제기하면, 이를 서서히 녹여 전보다 덜 위협적인 존재로 만들 수 있다.

8단계: 좌절과 실패를 딛고 회복하도록 연습하기
。

불행한 상황을 겪고도 이내 털고 일어나는 사람을 본 적이 있는가? 그들을 보면 회복이 참 쉬워보인다. 한편으로는 어떻게 그럴 수 있나 궁금하기도 했을 것이다.

나는 그 답을 알고 있다. 그들이 그럴 수 있는 비결은 바로 '연습'이다.

좌절을 딛고 회복하는 법을 타고나는 사람은 없다. 이것은 배워익히는 것이다. 우리는 경험을 통해 실패는 그리 재앙적이지 않고, 실패했다고 모든 것이 끝나는 것도 아니라는 사실을 알게 된다. 넘어지면 다시 일어나 툭툭 털고 앞으로 나아가면 된다. 이 과정은 많이 해볼수록 쉬워진다.

실패로부터 빨리 회복하는 데는 두 가지가 중요하다. 첫째, 실패경험에 관한 부정적인 생각을 즉시 마주하고 논박해야 한다. 둘째,

자기 마음속에서 자신의 능력, 창의력, 자기 가치를 인정하는 쪽과 연결 고리를 회복해야 한다.

직장에서 발표를 맡았는데 엉망으로 진행했다고 해보자. 부정적인 생각에 몹시 예민한 사람이라면 자기 질책에 빠져 허우적댈 것이다. 나는 무능하고, 아마추어 같고, 다른 사람에게 무언가를 지시하거나 알리는 자질이 전혀 없다고 판단할지도 모른다. 앞으로 다시는 발표하지 않겠다고 다짐할 수도 있다.

실패에 관해 전혀 다른 사고방식을 가진 사람이라고 해보자. 부정적인 생각이 수면 위로 올라오면 즉시 이를 논박한다. 그 생각들이 사실이 아니라는 것을 잘 알기 때문이다. 그러고 나서 자신이 매우 숙련되고, 지식이 출중하며, 창의적이고 수완이 좋다는 사실을 상기한다. 이를 바탕으로 얼른 좌절을 털고 일어난다. 발표를 망친 이유를 파악한 뒤, 다음번 발표는 성공적으로 마칠 수 있다고 확신한다.

좌절로부터 회복하는 연습을 반복할수록 실패를 경험했을 때 덜 낙담한다. 결국, 툭툭 털고 일어나 정상 궤도로 돌아오는 것이 본능적으로 이루어진다는 것을 깨닫게 될 것이다.

9단계: 자기 수양과 근성을 북돋는 습관 기르기

。

알람이 울리기 몇 분 전에 이미 잠에서 깨어 있었지만, 따뜻한 이불에서 벗어나지 못하고 그대로 누워 있던 적이 있는가? 그러다가 알람이 울리면 그제야 자리에서 일어난다. 알람을 시작으로 양치하고, 샤워하고, 옷을 챙겨 입고, 커피를 마시는 아침 루틴이 진행된다. 이 루틴은 습관의 연속으로 이루어져 있다. 매우 귀찮은 첫 번째 행동(자리에서 일어나기)이 어렵게 여겨질 뿐이지 전체 루틴은 물 흐르듯 진행된다. 즉 비몽사몽 정신이 없는 와중에도 몸이 저절로 움직여 출근 준비를 마칠 수 있는 것은 '회사에 가야 한다'는 의지가 아니라 습관 덕분이다.

앞서 지적했듯이, 장애물을 극복해야 할 때 우리의 습관은 의지력이나 동기부여보다 믿음직하다. 습관은 충동을 다스리도록 도와줌으로써 우리를 궤도에 유지시킨다. 또한 유혹에 굴복하기보다는 눈앞의 도전에 주의를 기울임으로써 만족을 지연하게 한다.

회의 때마다 1시간, 2시간씩 쓸데없는 이야기를 하는 상사 때문에 괴로워하고 있다고 생각해 보자. 해야 할 일이 잔뜩 쌓여 있는데 자리에 돌아오면 정신이 멍해지고 아무것도 하기 싫은 마음이 든다. 그러면 자리로 돌아오기 전에 사무실 밖으로 나가 10분간 바람을 쐬는 습관을 들여보자. 신선한 공기도 마시고 머리를 비우고 나면 다시 일을 시작하기가 쉬워진다.

습관은 어려운 일들과 복잡한 사태에 직면했을 때 더 수월하게 버티도록 도와준다. 나만의 좋은 습관을 만들어보자. 거창하지 않아도 좋다. 사소한 것부터 시작해라. 그러면 불편하거나 압박감에 짓눌릴 때 포기하고픈 마음이 줄어들 것이다.

10단계: 소소한 승리를 기념하기

우리는 최종 결과에 집중하곤 한다. 대학에서는 성적을 놓고 성공을 정의 내린다. 원하는 승진을 이루었나를 놓고 성공을 정의한다. 목표한 최종 몸무게에 도달하느냐에 집중한다.

최종 결과에 집중하는 것은 칭찬할 만하다. 하지만 이를 위해 노력하는 과정에서 맛보는 소소한 성공을 무시할 때도 많다. 그래서는 안 된다. 자잘한 성공들은 좌절을 경험할 때 계속해서 노력하도록 마음을 훈련하는 데 중요한 요소다.

종잣돈을 만들기 위해 1억을 모으는 목표를 세웠다고 해보자. 쉽게 모을 수 있는 큰돈은 아니니 생활비도 아끼고 좋은 금리를 찾아 적금도 드는 등 여러 가지 노력을 하게 될 것이다. 하지만 이런 생활을 몇 달 하다 보면 '열심히 돈을 버는 것도 지금 행복하기 위해서인데 내가 돈 모으자고 하고 싶은 것도 못 하나' 하는 생각이 들면서 회의감이 든다. 지금 당신의 초점은 '결승점'에 있다. 그 지점이 너무 멀어 보이고, 이렇게 해서는 도무지 그곳에 다다를 수 없을 것만 같다.

그러니 여유를 갖고 소소한 승리를 기념하자. 처음으로 1천만 원을 모았을 때, 적금이 만기 됐을 때 자신을 칭찬한다. 꼭 사고 싶었던 물건을 하나 사거나 좋은 곳에 여행을 가는 식으로 자신에게 보상도 한다. 이렇게 소소한 승리를 기념하는 것은 자신이 성취하려고 노력하는 것에 대해 좋은 기분이 들게 하고 행복을 느끼게 한다. 이런 반복적인 행복감은 앞으로 불편함을 느낄 때마다 자신의 태도를 지키도록 의욕을 고취한다.

이제 행동 계획을 모두 숙지했다. 이 단계들은 마음을 강화하고, 불편함과 괴로움을 만날 때마다 근성, 끈질김, 결심을 기르는 과정에 들어가도록 돕는다.

다음은 무엇일까? 멘탈력을 기른 뒤의 도전 과제는 이를 유지하는 것이다. 불행한 일을 겪지 않고 삶이 흘러간다면 운이 굉장히 좋은 편에 속하겠지만, 대신 새롭게 다져놓은 강한 멘탈이 쓰지 않는 근육처럼 쇠약해진다. 다음 장에서는 이 문제를 해결해 보자.

평생 강한 멘탈로
살아가고 싶다면

• • •

멘탈력 기르기의 상당 부분은 인지 재구조화와 연관된다. 이는 내가 품고 있는 부정적이고 잘못된 생각, 태도, 감정에 빠짐없이 질문을 던지는 과정이다. 세상과 세상 속에 위치한 나의 자리에 대한 관점을 바꾸는 과정이라고도 할 수 있다. 상황에 대한 자동적인 반응을 받아들이고 이를 합리적이라고 여기는 대신, 이것들을 현미경 아래 놓고 속속들이 들여다보는 것이다.

인지 재구조화는 단번에 말끔히 이루어지지 않는다. 적어도 멘탈력을 유지하는 것에 관한 한 그렇다. 멘탈력을 유지하려면 주기적으로 자기 생각을 점검해 타당성을 확인하면서 꾸준히 돌보는 노력이 필요하다. 그리고 당신이 그렇게 노력하길 바란다.

때로 삶은 우리가 거대한 좌절이나 불행을 겪지 않고 지낼 수 있는 기간을 선사한다. 문제는 멘탈력이 근육과 같다는 사실이다. 쓰지 않고 내버려 두면 쇠약해진다는 말이다. 다행히 간단한 정신 훈련으로 이를 쉽게 예방할 수 있다. 아래 여덟 가지 운동은 심리적·정서적 스트레스 없이 살아가는 기간에 멘탈력을 유지하는 데 도움이 된다.

1. 간단한 명상 실천하기

○

수정 구슬을 앞에 놓고 앉아 있기, 기도문 읊조리기, 요가 매트 깔고 향을 피우기 등을 말하는 것이 아니다. 당신이 어디에 있든, 무엇을 하는 중이었든 그저 몇 분간 두 눈을 감고 가만히 앉아서 호흡에 집중해 보자. 이를 통해 현재 순간에 머물려는 것이 목표다.

간단한 명상은 각종 마감 기한과 기대치, 그 외 스트레스 요인을 내려놓음으로써 잠시 세상과의 연결을 끊도록 도와준다. 차분하게 나의 호흡을 돌아볼 기회를 얻는다.

다수의 연구에 따르면 명상은 전대상피질(anterior cingulate cortex·ACC)의 활동 수준을 높여준다고 한다. 전대상피질은 주의력 조절, 의사 결정, 충동 조절, 정서 반응을 주관하는 뇌 부위다. 즉 멘탈력의 핵심 요소들과 깊은 연관이 있는 부위로, 전대상피질이 활발히 활동할수록 멘탈력이 강화될 가능성이 크다.

간단한 명상은 언제 어디서나 실천할 수 있다. 약간의 프라이버시와 5분만 시간을 내면 된다. 지금 바로 눈을 감고 명상을 시작해 보라.

2. 일어날 만한 '최악의 상황' 고민해 보기

삶이 편안하고 만사가 순탄하게 흘러갈 때도 자기 의심이 파고들 수 있다. 실수에 대한 두려움 때문에 행동에 나서지 못한 채 자기 결정을 되씹으며 주저하기 시작한다.

자기 의심은 우리 마음에 일어나는 자연스럽고 건강한 현상이다. 자기 의심은 훌륭한 결정을 내리도록 도와주고, 최선의 결과물을 내도록 북돋우며, 부정적인 결과로부터 우리를 지켜준다. 다만 자기 의심 때문에 꼼짝없이 얼어붙어 아무것도 못하는 것이 문제다. 자기 의심은 우리 생각을 소진시키며, 두려움과 우유부단함을 심어주어 결국 무거운 짐이 되고 만다.

두 번째 훈련으로 이 효과를 상쇄할 수 있다. 행동에 나서지 못하고 우유부단한 태도로 자기 의심에 빠져 있을 때는 '내가 그 일을 했을 때 일어날 만한 최악의 상황은 뭘까?'를 고민해 보라. 그러면 실수가 재앙을 일으킬 가능성은 드물다는 답을 얻을 것이다. 이렇게 나의 행동이 재앙으로 이어지지 않을 거란 확신이 들면 과감하게 행동에 나설 수 있다. 이 훈련을 자주 연습할수록 불확실한 상황에 부딪힐 때 덜 주저할 것이다.

3. 일부러 실패해 보기

。

위험을 감수하는 것은 실패할 가능성에 자신을 노출하는 것이다. 이는 불안한 감정을 일으킬 수 있다. 하지만 실패는 전혀 두려워할 대상이 아니다. 실패에는 대가가 따르기 마련이지만 그 대가가 파괴적인 경우는 드물다. 한편, 위험을 감수하면 소중한 경험을 얻을 뿐만 아니라 구체적인 보상을 누릴 기회가 생긴다. 바라는 결과를 얻기 위해서라도 위험을 감수해야 한다.

실패에 대한 자기 생각을 조정하는 것도 인지 재구조화의 일종이다. 실패는 무슨 수를 써서라도 피해야 한다고 생각하는 것이 아니라, 행동에 나설 때면 늘 실수할 위험이 있다고 여기고 이를 받아들일 줄 알아야 한다. 사실 우리는 실패를 예상하는 법을 배워야 한다. 이런 태도를 갖추면 실패로부터 귀중한 통찰을 얻을 수 있다. 무엇이 효과적이고 무엇이 비효과적인지를 배우게 된다.

하루를 보내는 동안 소소한 위험을 감수해 보자. 전에는 한 번도 시도해 보지 않은 메뉴를 주문하는 것도 좋다. 맛이 없어서 괜히 시켰다고 후회할 수도 있지만 예상 외로 입맛에 맞는다는 사실을 발견할지도 모른다. 떨어질지도 모르지만 사내 아이디어 공모전에 지원해본다. 내 아이디어에 대한 객관적인 조언을 듣게 될 수도 있다. 즉 작은 위험을 감수하는 연습은 크나큰 여파 없이 실패에 자신을 노출하게 한다. 이 과정에서 당신의 마음은 서서히 실패에 대한 두려움을 잊고, 오히려 실패는 배우고 성장할 기회라고 여길 것이다.

4. 자신의 통제를 벗어난 일은 무시하기

°

어떤 것들은 우리의 통제를 벗어나 있으므로 주의를 기울이지 말아야 한다. 스토아학파는 이 점을 정확히 알고 있었다. 철학자 에픽테토스(Epictetus)는 그의 저서《담화록》에서 다음과 같이 지적했다.

"인생의 가장 중요한 과업은 이것뿐이다. 사태를 밝히고 분리함으로써 나의 통제 밖에 있는 것과 내가 실제로 통제할 수 있는 선택지를 명확히 하는 것이다."

에픽테토스는 현명한 사람이었다.

내가 통제하거나 영향을 줄 수 없는 일에 시간과 주의력을 쏟는 것은 에너지를 낭비하는 일이다. 그런 일을 무시한다고 해가 될 일은 전혀 없다. 오히려 마음에 여유 공간이 생겨 실제로 내가 바꿀 수 있는 일에 초점을 맞출 수 있다.

이렇게 한번 해보자.

회사에서 원치 않은 정치 싸움에 휘말렸다고 하자. '이 문제에 대한 나의 통제력은 얼마나 될까?'를 고민해 보라. 내가 나서서 상황을 바꿀 수 있는 부분이 조금이라도 있다면 모르겠지만 '전혀 없다'라는 답을 얻었다면 무시하고 지나가자. 그러면 스트레스를 줄이고 에너지를 아껴 당신이 할 수 있는 일, 즉 해야 할 업무에 주의를 쏟을 수 있고 이 과정에서 수면의 질도 나아질 것이다. 괜히 여기저기에 말을 얹다가 곤란해지는 일도 미리 방지할 수 있다. 나아가 멘탈력의 중요한 구성 요소인 당신의 감정을 통제하는 일도 수월해질 것이다.

5. 목표에 집중하기

○

당신의 할 일 목록에는 분명 미루거나 아예 피하고픈 일도 있을 것이다. 이런 일에 부딪히면 일을 수행하는 데 필요한 정신력을 끌어모으는 게 더 어렵게 느껴지기도 한다. 원치 않는 일은 심지어 불쾌감까지 준다. 그 일을 수행하느라 더 만족스러운 활동을 포기해야 할지도 모른다. 이럴 때는 '하기 싫다'의 굴레에 빠져서 시간을 낭비하지 말고 그 일을 완수해야 할 이유에 초점을 맞춰 보자.

직장에서 중요한 프로젝트를 끝내야 한다고 가정해 보자. 이 일에 예상되는 작업 시간은 3시간이다. 그런데 일은 영 손에 잡히지 않고 그저 인터넷 서핑이나 하며 시간을 보내고 싶은 마음이 든다. 이럴 때는 프로젝트를 완수해야 할 이유를 상기해 보자. 상사가 확실한 마감 기한을 주었는가? 이 업무를 마치지 못하면 다른 프로젝트에 참여할 수 없게 되는가? 당신이 제때 일을 끝내리라고 동료들이 믿고 있는가?

이 간단한 생각 훈련은 자칫 의지력이 부족해질 시기에 당신을 다잡아 행동에 나서게 한다. 당신의 목적, 즉 이 일을 하는 이유에 초점을 맞추면 행동의 동기가 자극될 것이다.

어리석은 경험이긴 해도 이를 잘 보여주는 사례가 있다. 고등학교 시절, 우리 반에는 내가 잘 보이고 싶었던 여학생이 있었다. 그 친구가 기타를 좋아한다는 사실을 알아낸 후, 이런 상황에 놓인 남학생이라면 누구라도 그렇듯이 나도 기타 연주의 거장이 되어 그녀를 감탄시키겠다고 결심했다. 날마다 밤 11시까지 기타 연습에 매진했다. 침대에 누워 있고픈 날들도 많았다. 하지만 나는 그때마다 나만의 이유를 상기했다. 그러고 나면 망설임 없이 기타 연습에 들어갈 수 있었다.

자신의 목적에 집중할 때 해낼 수 있는 일을 생각해 보면 놀랍기 그지없다.

6. 내면의 비판자를 내면의 낙관론자로 대체하기
°

내면의 비판자는 천성적으로 비관론자다. 그가 내놓는 주장은 하나같이 냉소적이고 암울하다. 유독 불친절할 때는 지독한 비난을 퍼붓기도 한다. 그 말들은 비열하고 생산적이지도 않다.

악명 높은 내면의 목소리를 잠재우는 법에 관해서는 앞서 자세히 다뤘는데, 여기서는 한 단계 더 나아가려 한다. 이 목소리를 내면의 낙관론자로 대체하는 것이다.

내면의 비판자 잠재우기에서 논했던 핵심 요령 중 하나는 그의 무자비한 주장에 대해 늘 증거를 요구하라는 것이었다. 예를 들어, 내면의 비판자가 '아무도 네게 관심이 없어'라고 말한다면, '증명해 봐'라고 답하는 것이 마땅하다. 이것만으로도 내면의 비판자에게 재갈을 물릴 수 있다.

여기서 한 단계 더 나아가면 당신 인생에서 당신에게 진심 어린 관심을 보여주는 모든 사람을 상기해 보는 것에서 시작한다. 가족, 친구, 심지어 수년간 함께 일한 동료들을 떠올려보라. 그들은 당신을 좋은 사람이라고 생각하고 당신에게 관심을 기울인다. 당신은 믿음직하고, 공정하며, 책임감 있는 사람이다. 어쩌면 당신은 인정 많고, 재미있으며, 쉽게 다른 사람을 용서하는 사람일 수도 있다. 사람들이 당신에게 관심을 두는 이유는 당신 곁에 있는 것이 즐겁기 때문이다. 만약 그들이 당신에게 말을 건넨다면 어떤 말을 해주겠는가? 그들이 내면의 비판자 대신이라고 생각해 보자.

이런 식으로 내면의 회의론자를 내면의 낙관론자로 대체하면 자신을 바라보는 방식이 달라지고, 주변 세상에 긍정적인 영향을 끼칠 수 있는 능력을 가지고 있음을 확인하게 된다.

7. 주기적으로 안전지대 벗어나보기

○

우리는 자신에게 익숙한 것을 고수하곤 한다. 같은 식당을 계속해서 방문한다. 친구들과 시간을 보낼 때면 지겹다고 하소연하면서도 비슷한 활동을 반복한다. 심지어 무엇을 기대할지 익히 안다는 이유로 해로운 관계를 유지하기도 한다. 불확실성은 언제나 불편하다. 대다수 사람은 불확실한 느낌을 최대한 피하려 한다.

문제는 자신의 안전지대 안에만 머물러 있으면 귀중한 교훈을 얻을 수 있는 경험을 놓친다는 것이다. 새로운 것은 모조리 피하거나 계산된 위험만 감수하는 것은 성장의 기회를 스스로 앗아가는 행동이다. 불확실성을 마주하지 않으려고 스스로를 감싸고만 있다면 진정으로 멘탈력을 기를 기회가 결코 찾아오지 않는다. 모름지기 멘탈력이란 예기치 않은 복잡한 삶의 문제 속에서 단련되는 법이다.

멘탈력을 기른 후에도 이런 나쁜 습관으로 돌아가기 쉽다. 그러다 보니 멘탈력이 강해졌다고 하더라도 안전지대만 찾는 습관에 젖게 되면 다시 멘탈에 힘이 빠진다. 앞서 지적했듯이 멘탈력은 근육과 같아서 규칙적인 운동이 필요하다.

당신이 자꾸 새로운 도전을 두려워하고 있다는 생각이 든다면 당신의 안전지대 밖에 있는 사소한 일을 자꾸 시도해 보라. 불확실성에 따르는 불편함에 익숙해져보라. 퇴근할 때 평소 다니던 길이 아니라 새로운 길로 가보라. 시간은 좀더 걸릴지 모르겠지만 갑자기 새로운 부업에 대한 아이디어가 떠오를지도 모른다. 새로운 프로젝트에 자원한다거나, 습관적으로 반복하던 취미 활동에서 벗어나 새로운 취미 클래스에 등록해 보는 것도 좋다. 오히려 새로운 경

험은 당신의 기술을 확장하고, 문제 해결 능력을 향상하며, 어떤 장
애물이든 극복할 수 있다는 자신감을 키워줄 수 있다.

8. 새로운 기술에 통달하는 능력을 시험해 보기

°

안전지대 밖을 향한 모험은 새로운 기술을 배우는 것으로
연결된다. 이는 세상에 배워 익히지 못할 것은 없으며, 심
지어 시간만 들이면 모든 것에 통달할 수 있다는 사실을 알
려준다. 이러한 깨달음은 스트레스가 없는 좋은 시절에 멘탈력이
약해지지 않도록 든든하게 지켜준다.

한 번도 식사 준비를 해본 적이 없다고 가정해 보자. 다듬지도
않은 식재료를 가져다가 뭔가 먹을 만한 것을 만든다는 생각만으
로도 버겁게 느껴진다. 이 감정은 주방 일에 익숙하지 않다는 것과
직접적으로 연관된다.

자, 이제 당신의 안전지대를 벗어나기로 마음먹었다고 해보자.
자기 힘으로 저녁 식사를 만들려고 최선을 다한다. 실제로 해봤더
니 준비한 식사가 그리 나쁘지 않았다. 사실 아주 훌륭한 저녁상이
차려졌다. 그래서 다음 날에도 저녁 식사를 준비했다. 그다음 날도
똑같이 행동했다. 하면 할수록 더 나은 결과를 얻었다. 결국 당신은
주방 일에 노련해진다.

이 과정에는 둔감화가 관여된다. 두려운 상황에 반복적으로 노

출함으로써 두려움과 정면으로 마주해 보는 것이다. 이로써 한때는 버거워 보이던 일에 통달하게 된다. 결과는? 새로운 기술을 습득할 뿐만 아니라 무엇이든 배울 수 있고 해낼 수 있다는 자신감도 높아진다. 이러한 자신감은 역경과 낯선 상황에 부딪힐 때마다 자신의 결의를 다져준다.

멘탈력을 유지하는 것은 애초에 멘탈력을 기르는 것만큼이나 중요하다. 삶의 모든 영역에 유익한 멘탈력을 길러놓고서 이 근육을 사용할 일이 없다는 이유로 허비하는 것은 비극이다. 특히 힘든 노력을 들여 멘탈력을 길러둔 뒤에는 더더욱 그렇다.

위에 제시한 훈련들은 이 근육을 탄탄하게 유지할 수 있도록 만들어졌다. 멘탈력을 튼튼하게 유지하면 예기치 않은 삶의 난제와 장애물에 부딪힐 때마다 그 힘을 믿고 의지할 수 있을 것이다.

우리 모두는 좌절과 불행을 만난다. 이런 일들을 피할 수는 없다. 중요한 것은 그런 상황에 대응하는 방법이다.

하루 동안 벌어지는 대다수 일은 우리의 통제대로 흘러가지 않는다. 우리가 할 수 있는 것은 자신이 바라는 일의 방식을 계획하고, 촘촘히 할 일 목록을 짜고, 잠재적인 문제에 대응하는 것이다. 이렇게 하더라도 결국에는 잘 모르고 행동하는 것이 사실이다.

삶이 던진 속임수에 넘어가 우리 계획과 어긋난 궁지에 빠질 때, 우리에게 주어진 선택지는 두 가지다. 각오를 다지고 적응하든지 감정적으로 대응하든지 해야 한다. 인생의 모든 영역에서 최고의 성과를 내는 사람들은 전자를 택한다.

쉽지 않은 일이다. 다부진 결의를 가지고 태어나는 사람은 없다. 감정 조절과 심적 회복력은 온갖 장애물, 압박, 괴로움을 겪어가며 배우는 것이다. 강철이 불 속에서 단련되듯이 우리 마음도 역경 속에서 단련된다. 고난과 불편함 속에서 단단해진다.

당신은 삶이 던지는 예기치 못한 속임수가 멘탈력의 성장을 좌우하도록 내버려두지 않고, 자신이 직접 성장을 주도하기로 선택했다. 당신의 배를 직접 조종하기로 한 것이다. 정말로 축하할 만한 일이다.

간혹 자신은 멘탈이 강하다며 우쭐해하는 사람이 있다. 하지만 대개는 근성과 끈질김이 부족하다. 어떤 사람들은 멘탈이 강해지고 싶다고, 멘탈력을 기르는 데 관심이 많다고 하지만 말로만 그럴 뿐 절대 첫발을 내딛지 않는다. 어쩌다 책도 한두 권 사지만, 그들이 산 책은 한 번도 손을 타지 않고 책장에 고스란히 놓여 있거나 이북 리더기에 담겨 있다가 잊혀진다.

당신은 다르다. 이 책을 읽었고 (바라건대) 실전 트레이닝도 적극적으로 참여했다. 성장을 이루고자 최선을 다했다. 앞으로도 이 책에서 익힌 전략과 요령을 꾸준히 삶에 적용한다면 평생 유익을 얻을 것이다. 머지않아 당신의 삶 속에서 만나는 사람들이 당신 마음에 일어난 눈에 띈 변화를 알아챌 것이라고 확신한다. 당신의 친구, 사랑하는 사람들, 동료들은 당신의 모습에서 자극을 받아 멘탈력을 기르겠다고 다짐할지도 모른다.

그야말로 먼 길을 달려왔다. 당신에게 즐거운 여정이었기를 진심으로 바란다. 당신이 평생 마주치는 모든 장애물을 극복하는 데 이 책의 조언과 트레이닝이 도움이 되길 간절히 바란다.

질문이 있거나 당신의 능률을 크게 높여준 삶의 비결을 나누고 싶다면, damon@artofproductivity.com로 메일을 보내 당신의 이야기를 자유롭게 전해달라. 그런 이야기라면 꼭 듣고 싶다!

새로운 책으로 만나길 바라며, 데이먼 자하리아데스

옮긴이
김미정

가톨릭대학교 심리학과를 졸업했다. KBS 심리학/의학 다큐멘터리 팀에서 영어전문 리서처로 관련 서적을 다수 번역했고, 현재 번역에이전시 엔터스코리아에서 전문 번역가로 활동하고 있다. 주요 역서로는 《이기적인 사회》, 《나는 어떤 사람일까》, 《내적불행》, 《트럼프처럼 협상하라》, 《용서》, 《내일을 위한 선택》, 《행복에 걸려 비틀거리다》, 《감정 회복력》 외 다수가 있다.

멘탈이 강해지는 연습

초판 1쇄 발행 2022년 8월 22일
초판 11쇄 발행 2023년 9월 11일

지은이 데이먼 자하리아데스
옮긴이 김미정

펴낸이 이정아 **경영고문** 박시형
펴낸곳 서삼독

책임편집 오민정
마케팅 이주형, 양근모, 권금숙, 양봉호 **온라인홍보팀** 신하은, 현나래
해외기획 우정민, 배혜림 **디지털콘텐츠** 김명래, 최은정, 김혜정
경영지원 홍성택, 김현우, 강신우 **제작** 이진영

출판신고 2006년 9월 25일 제406-2006-000210호
주소 서울시 마포구 월드컵북로 396 누리꿈스퀘어 비즈니스타워 18층
전화 02-6712-9861 **팩스** 02-6712-9810 **이메일** info@smpk.kr

ⓒ 데이먼 자하리아데스(저작권자와 맺은 특약에 따라 검인을 생략합니다)
ISBN 979-11-6534-552-5 03190